7급II

쉽게 따는
행복漢(한)
급수한자

새희망

❖ 한자능력검정시험이란 ?

· 한자능력검정시험은 한자 활용 능력을 측정하는 시험으로 공인급수
  시험(특급, 특급Ⅱ, 1급, 2급, 3급, 3급Ⅱ)과 교육급수 시험(4급, 4급Ⅱ, 5급,
  5급Ⅱ 6급, 6급Ⅱ, 7급, 7급Ⅱ, 8급)으로 나뉘어져 실시합니다.
· 한자능력검정시험은 1992년 처음 시행되어 2001년부터 국가공인자격시험(1급~4급)으로 인정받았고 2005년
  29회 시험부터 3급Ⅱ 이상은 국가공인시험으로 치러지고 있습니다.
· 자세한 내용은 시행처인 한국 한자능력검정회 홈페이지 **www.hanja.re.kr**에서, 시험점수와
  합격안내는 **www.hangum.re.kr**을 참조하세요!

❖ 어떤 문제가 나올까요?

각 급수별로 문제 유형은 아래 표와 같습니다.

구 분	특급	특급Ⅱ	1급	2급	3급	3급Ⅱ	4급	4급Ⅱ	5급	5급Ⅱ	6급	6급Ⅱ	7급	7급Ⅱ	8급
독음	45	45	50	45	45	45	32	35	35	35	33	32	32	22	24
훈음	27	27	32	27	27	27	22	22	23	23	22	29	30	30	24
장단음	10	10	10	5	5	5	3	0	0	0	0	0	0	0	0
반의어(상대어)	10	10	10	10	10	10	3	3	3	3	3	2	2	2	0
완성형(성어)	10	10	15	10	10	10	5	5	4	4	3	2	2	2	0
부수	10	10	10	5	5	5	3	3	0	0	0	0	0	0	0
동의어(유의어)	10	10	10	5	5	5	3	3	3	3	2	0	0	0	0
동음 이의어	10	10	10	5	5	5	3	3	3	3	2	0	0	0	0
뜻풀이	5	5	10	5	5	5	3	3	3	3	2	2	2	2	0
약자	3	3	3	3	3	3	3	3	3	3	0	0	0	0	0
한자 쓰기	40	40	40	30	30	30	20	20	20	20	20	10	0	0	0
필순	0	0	0	0	0	0	0	0	0	0	3	3	3	2	2	2
한문	20	20	0	0	0	0	0	0	0	0	0	0	0	0	0

· 독음 : 한자의 소리를 묻는 문제입니다.
· 훈음 : 한자의 뜻과 소리를 동시에 묻는 문제입니다. 특히 대표훈음을 익히시기 바랍니다.
· 반의어·상대어 : 어떤 글자(단어)와 반대 또는 상대되는 글자(단어)를 알고 있는가를 묻는 문제입니다.
· 완성형 : 고사성어나 단어의 빈칸을 채우도록 하여 단어와 성어의 이해력 및 조어력을 묻는 문제입니다.
· 동의어·유의어 : 어떤 글자(단어)와 뜻이 같거나 유사한 글자(단어)를 알고 있는가를 묻는 문제입니다.
  · 동음이의어 : 소리는 같고, 뜻은 다른 단어를 알고 있는가를 묻는 문제입니다.
  · 뜻풀이 : 고사성어나 단어의 뜻을 제대로 알고 있는가를 묻는 문제입니다.
  · 한자쓰기 : 제시된 뜻, 소리, 단어 등에 해당하는 한자를 쓸 수 있는가를 확인하는 문제입니다.
  · 필순 : 한 획 한 획의 쓰는 순서를 알고 있는가를 묻는 문제입니다. 글자를 바르게 쓰기 위해 필요합니다.

· 7급Ⅱ 출제 유형 : 독음22 훈음30 반의어2 완성형2 뜻풀이2 필순2
※ 출제 기준은 기본지침으로서 출제자의 의도에 따라 차이가 있을 수 있습니다.

합격 기준표

구 분	특급·특급Ⅱ	1급	2급·3급·3급Ⅱ	4급·4급·5급·5급Ⅱ	6급	6급Ⅱ	7급	7급Ⅱ	8급
출제 문항수	200		150	100	90	80	70	60	50
합격 문항수	160		105	70	63	56	49	42	35
시험시간	100분	90분	60분	50분					

✛ 급수는 어떻게 나뉘나요?

8급부터 시작하고 초등학생은 4급을 목표로, 중고등학생은 3급을 목표로 두면 적당합니다.

급수	읽기	쓰기	수준 및 특성 배정한자
특급	5,978	3,500	국한혼용 고전을 불편 없이 읽고, 연구할 수 있는 수준 고급
특급Ⅱ	4,918	2,355	국한혼용 고전을 불편 없이 읽고, 연구할 수 있는 수준 중급
1급	3,500	2,005	국한혼용 고전을 불편 없이 읽고, 연구할 수 있는 수준 초급
2급	2,355	1,817	상용한자를 활용하는 것은 물론 인명지명용 기초 한자 활용 단계
3급	1,817	1,000	고급 상용한자 활용의 중급 단계
3급Ⅱ	1,500	750	고급 상용한자 활용의 초급 단계
4급	1,000	500	중급 상용한자 활용의 고급 단계
4급Ⅱ	750	400	중급 상용한자 활용의 중급 단계
5급	500	300	중급 상용한자 활용의 초급 단계
5급Ⅱ	400	225	중급 상용한자 활용의 초급 단계
6급	300	150	기초 상용한자 활용의 고급 단계
6급Ⅱ	225	50	기초 상용한자 활용의 중급 단계
7급	150	–	기초 상용한자 활용의 초급 단계
7급Ⅱ	100	–	기초 상용한자 활용의 초급 단계
8급	50	–	한자 학습 동기 부여를 위한 급수

＊ 상위급수의 배정한자는 하위급수의 한자를 포함하고 있습니다.

✛ 급수를 따면 어떤 점이 좋을까요?

· 우리말은 한자어가 70%를 차지하므로 한자를 이해하면 개념에
  대한 이해가 훨씬 빨라져 학업 능률이 향상됩니다.
· 2005학년부터 수능 선택 과목으로 한문 과목이 채택되었습니다.
· 수많은 대학에서 대학수시모집, 특기자전형지원, 대입면접시
  가산점을 부여하고 학점이나 졸업인증에도 반영하고 있습니다.
· 언론사, 일반 기업체 인사고과에도 한자 능력을 중시합니다.

다양한 학습 방법으로 기초를 튼튼히!!!

❖ 기본 학습

변화 과정
한자가 그림에서 변화된 과정을 글과 그림으로 쉽게 표현

훈(뜻)과 음(소리)
한자 익히기의 기본인
훈(뜻)과 음(소리)을
알기

한자 유래
재미있는 그림과 함께
한자 유래 알기

쓰기 연습란
20번 반복하는
충분한 쓰기 연습

단어
해당 한자가 들어있는 단어.

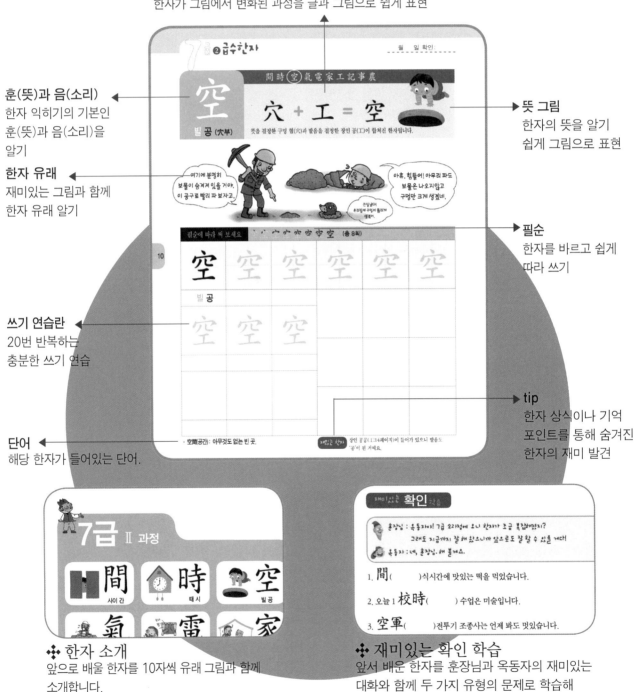

뜻 그림
한자의 뜻을 알기
쉽게 그림으로 표현

필순
한자를 바르고 쉽게
따라 쓰기

tip
한자 상식이나 기억
포인트를 통해 숨겨진
한자의 재미 발견

❖ 한자 소개
앞으로 배울 한자를 10자씩 유래 그림과 함께
소개합니다.

❖ 재미있는 확인 학습
앞서 배운 한자를 훈장님과 옥동자의 재미있는
대화와 함께 두 가지 유형의 문제로 학습해
봅니다.

이 정도 실력이면 급수따기 OK!

❖ 단원 예상 · 실전대비 문제
예상문제를 단원이 끝날 때마다 제시하였으며,
단원별 기본 학습이 끝난 후에는 실전대비
총정리 문제로 다시 한번 학습합니다.

❖ 모의한자능력시험
실제 시험과 똑같은 답안지와
함께 제공되어 실제 시험처럼
풀면서 실전 감각을 익힐 수 있습니다.

재미있게 놀며 다시 한번 복습을…

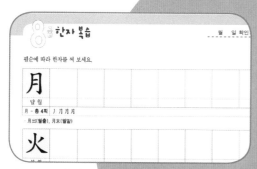

❖ 8급 한자 복습
8급 급수한자에서 배운 한자 50자를 필순에
맞게 다시 한번 쓰면서 복습합니다.

❖ 만화 사자성어
사자성어를 만화로 쉽게 이해할 수 있게
구성하였습니다. 배운 사자성어를 생활 속에서
적절히 사용해 보세요.

찾아보기 (7급 II 50자)

ㄱ

家 (가) -13
間 (간) -8
江 (강) -83
車 (거/차) -51
工 (공) -16
空 (공) -10
氣 (기) -11
記 (기) -14

ㄴ

男 (남) -85
內 (내) -62
農 (농) -17

ㄷ

答 (답) -70
道 (도) -28
動 (동) -48

ㄹ

力 (력) -50
立 (립) -46

ㅁ

每 (매) -26
名 (명) -44
物 (물) -52

ㅂ

方 (방) -34
不 (불) -67

ㅅ

事 (사) -15
上 (상) -29
姓 (성) -45
世 (세) -35
手 (수) -80
市 (시) -63
時 (시) -9
食 (식) -27

ㅇ

安 (안) -66
午 (오) -33
右 (우) -88

ㅈ

自 (자) -47
子 (자) -86
場 (장) -64
前 (전) -31
全 (전) -65
電 (전) -12
正 (정) -69
足 (족) -82
左 (좌) -89
直 (직) -71

ㅍ

平 (평) -68

ㅎ

下 (하) -30
漢 (한) -84
海 (해) -53
話 (화) -81
活 (활) -49
孝 (효) -87
後 (후) -32

7급 Ⅱ 과정

間 사이 간

時 때 시

空 빌 공

氣 기운 기

電 번개 전

家 집 가

記 기록할 기

事 일 사

工 장인 공

農 농사 농

間 時 空 氣 電 家 記 事 工 農

間

사이 간 (門부)

門 ▶ 閒 ▶ 間

원래 문 사이로 떠오르는 달의 모습을 본뜬 한자입니다.

문 사이로
햇빛이 들어 오네.
너무 따뜻하다!

이렇게 문 사이로 들어오는
해님 모양을 본뜬 글자가 바로
사이 간(間)이야. 그런데 옛날에는
해가 아니고 달님이 떠오르는
모습이였대. 재밌지?

| 필순에 따라 써 보세요 | 間 間 間 間 間 門 門 門 門 間 間 間 | (총 12획) |

間	間	間	間	間
사이 간				
間	間	間		

· 人間(인간) : 언어와 도구를 사용하며 사회를 이루어 사는 동물.

월   일 확인:

間 時 空氣電家記事工農

時

때 **시** (日부)

時間을 나타내는 날 일(日)과 음을 결정한 절 사(寺)가 합쳐진 한자입니다.

지금 몇 시쯤 됐니?

절 사(寺)는 음을 결정한 거고, 으흠~. 서당개 아니, 서당 고양이 3년이라고.

해님에게 물어 보세요. 때 시(時)에 뜻을 결정한 날 일(日)이 들어 있는 걸 보면 해님은 알고 있을 거예요. 저는 지금 좀 바빠서…

필순에 따라 써 보세요	時 時 時 日 時 時 時 時 時 時 (총 10획)

9

時	時	時	時	時
때 시				
時	時	時		

·時間(시간): 어떤 시각에서 다른 시각까지의 동안. 또는 그 길이.

間時 ⑤ 氣電家記事工農

空

빌 공 (穴부)

穴 + 工 = 空

뜻을 결정한 구멍 혈(穴)과 발음을 결정한 장인 공(工)이 합쳐진 한자입니다.

여기에 분명히 보물이 숨겨져 있을 거야. 이 공구로 빨리 파 보자고.

아휴. 힘들어! 아무리 파도 보물은 나오지않고 구멍만 크게 생겼네.

큰일났다 우리집에 구멍이 뚫리게 생겼어.

필순에 따라 써 보세요 空空空空空空空空 (총 8획)

空

빌 공

· 空間(공간) : 아무것도 없는 빈 곳.

재밌는 한자 장인 공(工:16페이지)이 들어가 있으니 발음도 '공'이 된 거예요.

間時空氣電家記事工農

氣
기운 기 (气부)

밥(米:쌀 미)을 지을 때 나는 수증기의 모습을 본뜬 한자입니다.

쌀을 먹어야 기운(氣運)이 나지!

그래, 많이 먹어 두어라. 오늘 밭에서 기운 쓸 일이 얼마나 많은데…

필순에 따라 써 보세요 氣氣氣气气气氣氣氣氣 **(총 10획)**

11

氣
기운 기

氣 氣 氣 氣 氣

氣 氣 氣

· 空氣(공기): 지구를 둘러싼 무색, 무취의 기체.

월   일 확인:

間時空氣⦿家記事工農

電
번개 전 (雨부)

雨 + 申 = 電

비 우(雨)와 거듭 신(申:번개불 모양)이 합쳐진 한자입니다.

비 오는 날 번쩍거리는 게 뭐게?

번개!

우르르 쾅!

으아악! 무서워.

필순에 따라 써 보세요 電 電 電 電 電 電 電 電 電 電 電 電 電 (총 13획)

電

번개 전

· 電氣(전기): 전자의 움직임으로 생기는 에너지.

재밌는 한자 눈 설(雪), 구름 운(雲), 우뢰 뢰(雷)처럼 비 우(雨)가 들어가면 날씨와 관련된 글자가 많지요.

7급 II 급수한자

間 時 空 氣 電 家 記 事 工 農

家

집 가 (宀부)

돼지를 키우는 집 모양을 본뜬 한자입니다.

어휘! 냄새,
집 안에 돼지 똥냄새가
가득하네.

꿀꿀아,
휴지 여기 있어.

필순에 따라 써 보세요

家 家 家 家 宀 宀 宇 家 家 家 (총 10획)

家	家	家	家	家	家
집 가					
家	家	家			

· **家電(가전)**: 가정에서 사용하는 전기 기기 제품.

13

間 時 空 氣 電 家 (記) 事 工 農

記

기록할 기 (言부)

言 + 己 = 記

뜻을 결정한 말씀 언(言)과 발음을 결정한 몸 기(己)가 합쳐진 한자입니다.

어! 기록할 기(記)에도 말씀 언(言)이 들어갔네. 말씀 언(言)이 들어간 한자는 모두 글자나 말과 관련이 있는 것 같아요.

우리 준이가 제법이구나. '日記(일기)'도 매일매일 기록하는 글을 말하지.

| 필순에 따라 써 보세요 | 記 記 記 記 記 記 記 記 記 記 (총 10획) |

14

記	記	記	記	記	記
기록할 기					
記	記	記			

· 日記(일기): 그날 그날 겪은 일이나 감상 등을 적은 개인의 기록.

事
일 사 (亅 부)

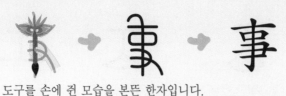

도구를 손에 쥔 모습을 본뜬 한자입니다.

오늘 최진사와 둔 내기 장기 결과를
기록해야지. 두 번은 내가 이기고,
한 번은 최진사가 이겼지.
에헴, 오늘 '일'은 다 마쳤군.

필순에 따라 써 보세요	事 事 事 事 亨 写 事 (총 8획)

事	事	事	事	事	事
일 사					
事	事	事			

· **記事**(기사): 사실을 적음. 또는 그런 글.

間時空氣電家記事 ⬚工 農

工

장인 공 (工부)

工 ➡ 工 ➡ 工

공구의 모습을 본뜬 한자입니다.

자네 그 공구로 무엇을 하려고 그러나?

우씨~ 우리집이나 만들어 주지.

기대하라구. 장인 공(工)을 닮은 공구니까 아마 멋진 작품이 나올 걸세.

필순에 따라 써 보세요	工 工 工 (총 3획)

工	工	工	工	工	工
장인 공					
	工	工	工		

· 工事(공사): 건축이나 토목 등의 일.

間時空氣電家記事工 農

農
농사 농 (辰부)

曲 + 辰 = 農

굽을 곡(曲)과 새벽 신(辰)이 합쳐진 한자입니다.

농사 농 (農)에서 원래 굽을 곡(曲)은 수풀 림(林)이 변한거래. 새벽 신(辰)은 손에 농기구를 잡고 있는 모습이고.

농부 아저씨, 좀 쉬었다 하세요.

필순에 따라 써 보세요 農 農 農 農 農 農 農 農 農 農 農 農 農 (총 13획)

農

농사 농

· 農事(농사): 곡식이나 과일, 채소 등의 씨나 모종을
           심어 기르어 거두는 일.

훈장님 : 옥동자야! 7급 II과정에 오니 한자가 조금 복잡해졌지?
그래도 지금까지 잘 해 왔으니까 앞으로도 잘 할 수 있을 게다!
옥동자 : 네, 훈장님. 해 볼게요.

1. 間(   )식시간에 맛있는 떡을 먹었습니다.

2. 오늘 1 校時(   ) 수업은 미술입니다.

3. 空軍(   ) 전투기 조종사는 언제 봐도 멋있습니다.

4. 한문 시험을 100점 맞아서 氣(   )분이 좋다.

5. 갑자기 정電(   )이 되자 사람들은 놀랐습니다.

6. 우리 집 家(   )훈은 '성실'입니다.

7. 시험을 보는 사람들은 필記(   )도구를 잘 챙겨가야 합니다.

8. 오늘은 어떤 事(   )건이 있었는지 알아볼까?

9. 工(   )장에서 나오는 폐수가 언제나 문제입니다.

10. 가을이 오면 農(   )촌은 분주해집니다.

훈장님 : 정말 잘했다! 이제 선택형 문제를 풀어 보자.

11. 문 사이에 해가 떠 있는 모습을 본뜬 한자는?

　① 間　　　② 時　　　③ 農　　　④ 工

12. '때'라는 뜻을 가진 한자는?

　① 空　　　② 時　　　③ 家　　　④ 記

13. 구멍을 뚫어 텅 비어 있다는 뜻을 가진 한자는?

　① 家　　　② 工　　　③ 空　　　④ 氣

14. '기운'의 뜻을 가진 한자는?

　① 記　　　② 氣　　　③ 事　　　④ 工

15. 비 우(雨)가 들어있는 한자는?

　① 農　　　② 空　　　③ 氣　　　④ 電

16. 집에서 돼지를 키우고 있는 모습의 한자는?

　① 農　　　② 氣　　　③ 家　　　④ 電

17. 공구의 모양을 본뜬 한자는?

　① 工　　　② 空　　　③ 記　　　④ 事

18. 말을 '기록하다'는 뜻을 가진 한자는?

　① 氣　　　② 記　　　③ 農　　　④ 工

19. '일'이라는 뜻을 가진 한자는?

　① 電　　　② 記　　　③ 事　　　④ 空

20. 농민(農民)의 농(農)의 뜻은?

　① 장사　　② 고기잡이　③ 농사　　④ 사냥

훈장님 : 우리 옥동자 장하구나.

옥동자 : 모두 훈장님 덕분이지요. 헤헤헤.

1. 다음 밑줄 친 漢字語(한자어)의 音(음:소리)을 쓰세요.

> 〈보기〉 漢字 → 한자

1) 人間을 만물의 영장이라고 합니다. (   )

2) 수업 時間에 딴짓을 하면 안 돼요. (   )

3) 아이들이 놀기에는 空間이 부족합니다. (   )

4) 풍선에 空氣를 불어 넣어요. (   )

5) 電氣가 나가자 집 안이 온통 컴컴해졌어요. (   )

6) 그는 몸과 마음을 바쳐 國家에 충성했어요. (   )

7) 매일 日記를 써요. (   )

8) 工事로 통행에 불편을 드려 죄송합니다. (   )

9) 댐을 쌓아 人工 호수를 만들었어요. (   )

10) 가뭄으로 農民들의 가슴도 타들어 갑니다. (   )

2. 다음 漢字(한자)의 訓(훈:뜻)과 音(음:소리)을 쓰세요.

> 〈보기〉 字 → 글자 자

1) 間 (   )   2) 時 (   )

3) 空 (　　　)　　　　　4) 氣 (　　　)

5) 電 (　　　)　　　　　6) 家 (　　　)

7) 記 (　　　)　　　　　8) 事 (　　　)

9) 工 (　　　)　　　　　10) 農 (　　　)

3. 다음 밑줄 친 단어의 漢字語(한자어)를 〈보기〉에서 골라 그 번호를 쓰세요.

〈보기〉　①空間　②記事　③空中　④日記

1) 비둘기들이 공중으로 날아올랐다. (　　　　　)

2) 꽃이 피기 시작했다는 기사가 신문에 났다. (　　　　　)

4. 다음 漢字(한자)의 상대 또는 반대되는 漢字(한자)를 보기에서 골라 그 번호를 쓰세요.

〈보기〉　①西　②時　③南　④小

1) 東 ←→ (   )

2) (   ) ←→ 大

5. 다음 訓(훈:뜻)과 音(음:소리)에 맞는 漢字(한자)를 보기에서 골라 그 번호를 쓰세요.

<보기>   ① 間   ② 時   ③ 空   ④ 氣   ⑤ 電
           ⑥ 家   ⑦ 工   ⑧ 記   ⑨ 事   ⑩ 農

1) 빌 공 (   )

2) 번개 전 (   )

3) 집 가 (   )

4) 농사 농 (   )

5) 때 시 (   )

6) 사이 간 (   )

7) 장인 공 (   )

8) 일 사 (   )

9) 기록할 기 (   )

10) 기운 기 (   )

6. 다음 漢字語(한자어)의 뜻을 쓰세요.

   1) 日記 (   )

   2) 農民 (   )

7. 다음 漢字(한자)의 화살표가 있는 획은 몇 번째 쓰는지 〈보기〉에서 찾아
   그 번호를 쓰세요.

> 〈보기〉　① 첫 번째　　② 두 번째　　③ 세 번째　　④ 네 번째
> 　　　　　⑤ 다섯 번째　⑥ 여섯 번째　⑦ 일곱 번째　⑧ 여덟 번째
> 　　　　　⑨ 아홉 번째　⑩ 열 번째　　⑪ 열한 번째　⑫ 열두 번째
> 　　　　　⑬ 열세 번째　⑭ 열네 번째

1) 間　　　(   )

2) 空　　　(   )

電光石火 (전광석화)

번갯불이나 돌을 쳐서 번쩍하는 불을 뜻하는 말로 매우 짧은 시간이나
재빠른 움직임 따위를 말합니다.

❖ 電:번개 전, 光:빛 광, 石:돌 석, 火:불 화

7급 Ⅱ 과정

每
매양 매

食
밥/먹을 식

道
길 도

上
윗 상

下
아래 하

前
앞 전

後
뒤 후

午
낮 오

方
모 방

世
인간/세상 세

每 食 道 上 下 前 後 午 方 世

每
매양 매(毋부)

머리에 비녀를 꽂고 있는 엄마(母)의 모습으로 늘 한결같은 엄마의 마음에서 유래한 한자입니다.

엄마, 매양 매(每)는 너무 어려워요.

그럼 늘 한결같이 너희들을 생각하는 엄마의 모습을 상상해 보렴. 어때, 한자 모양도, 뜻도 기억하기 쉽겠지?

| 필순에 따라 써 보세요 | 每 每 每 每 每 每 每 (총 7획) |

每
매양 매

·每事(매사) : 하나하나 모든 일.

재밌는 한자 무릎 꿇고 앉은 모습의 '여자 여(女)', 가슴의 젖을 표시한 '어미 모(母)', 머리 장식을 하는 모양인 '매양 매(每)'!

每 道 上 下 前 後 午 方 世

食

밥/먹을 **식 (食부)**

 ➡ ➡ 食

밥뚜껑과 밥그릇의 모습을 본뜬 한자입니다.

밥뚜껑도
열지 않고
뭐하니?

엄마, 이제 밥도 한자로 보여요.
밥뚜껑과 밥그릇에 담긴 밥의
모양을 본뜬 한자가 바로
먹을 식(食)이거든요.

한자보단 난
밥이 더 좋아!

필순에 따라 써 보세요	食 食 食 食 食 食 食 食 食 (총 9획)

食	食	食	食	食	食
밥/먹을 **식**					
	食	食	食		

· **食事**(식사): 사람이 끼니로 음식을 먹는 일. 또는 그 음식.

每食 道 上下前後午方世

道
길 도 (辶부)

 ➡ 遒 ➡ 道

사람이 똑바로 머리를 들고 길을 다니는 모습을 본뜬 한자입니다.

길을 걸을 때는 머리를 들고 씩씩하게 걸어다니거라.

서당 개도 아니면서 눈치는 빨라가지고…

훈장님! 그러면서 머리 수(首)와 사람이 쉬엄쉬엄 걸어다닌다는 뜻의 착(辶)이 합쳐져서 만들어진 길 도(道)자 설명하시려는 거죠?

필순에 따라 써 보세요   道道道道道首首首道道道道道   (총 13획)

道	道	道	道	道
길 도				
道	道	道		

· 人道(인도) : 사람이 다니는 도로.

28

上

윗 상 (一부)

每 食 道 (上) 下 前 後 午 方 世

二 ➡ 上 ➡ 上

위를 표시하기 위해 위쪽에 점을 찍은 지사문자입니다.

亠 → 上

초롱이가 어디로 숨었지?

찾았다. 초롱이! 저기 나뭇가지 위에 있다.

필순에 따라 써 보세요   上 上 上 (총 3획)

上	上	上	上	上	上
윗 상					
上	上	上			

· 上水道(상수도): 먹거나 사용할 물을 관을 통하여 보내 주는 설비.

월   일 확인:

每 食 道 上 下 前 後 午 方 世

下

아래 하 (一부)

一 → 丅 → 下

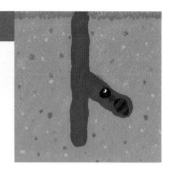

아래를 표시하기 위해 아래쪽에 점을 찍은 지사문자입니다.

어라, 초롱이가 또 없어졌네.

에이, 나뭇가지 밑에 있잖아.

필순에 따라 써 보세요   丅 下 下 (총 3획)

下

아래 하

30

· 上下(상하): 위와 아래.

상대·반의어   '下(아래 하)'의 반의어는 '上(윗 상)'

前

앞 전 (刂부)

 → 肖 → 前

발과 배 모양으로 배가 앞으로 나가는 모습의 한자입니다.

앞에 가는 저 배 굉장히 빠르네. 마치 배에 발이 달린 것 같아.

잠깐만! 배 모양을 닮은 글자가 뭐였더라?

아하! 윗부분은 발 모양, 아랫부분은 배 모양을 닮은 앞 전(前)이었지.

필순에 따라 써 보세요   前 前 前 前 前 前 前 前 前   (총 9획)

前	前	前	前	前	前
앞 전					
前	前	前			

· 生前(생전): 살아 있는 동안.

後

뒤 후 (彳부)

每食道上下前 後 午方世

길에서 어린 아이가 뒤쳐져서 걸어온다는 뜻에서 유래된 한자입니다.

어린 아이가 뒤쳐져 걸어온다는 뜻에서 만들어진 한자가 뒤 후(後)라고 저러는 거야. 자나 깨나 한자 공부! 아무도 못 말린다니까.

쟤가 뭐라는 거야?

뒤 후, 뒤 후.!

형, 같이 가.

필순에 따라 써 보세요   後後後後後後後後後 (총 9획)

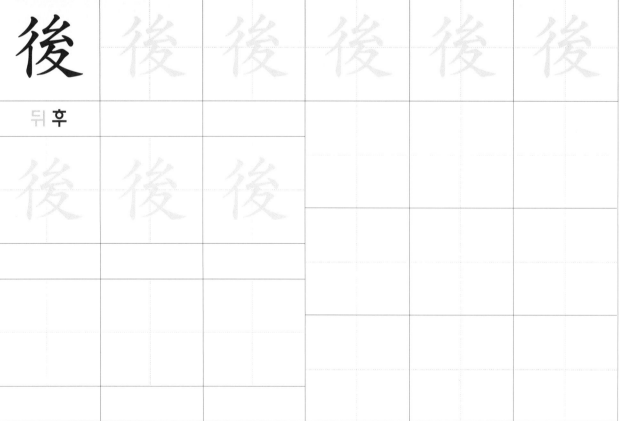

뒤 후

· 前後(전후): 앞과 뒤.

재밌는 한자 두인 변(彳)은 사람이 두 명 겹친 것 처럼 보이지만 사실 사람 인(人)과는 아무 관련이 없어요.

32

每 食 道 上 下 前 後 午 方 世

午
낮 오 (十부)

가운데가 움푹 들어간 절굿공이를 본뜬 한자입니다.

옛날에 가운데가 움푹 들어간 절굿공이의 모습에서 생각해 낸 거래.

그런데 지금은 '낮'이란 뜻으로 쓰이는 거구나. 막대그림자가 짧은 걸 보니 12시 정오(正午)네. 점심 먹어야겠다.

필순에 따라 써 보세요	午 午 ᅩ 午 (총 4획)

낮 오

· 午前(오전): 자정부터 낮 열두시까지.

재밌는 한자 지금의 절굿공이란 한자는 '木'을 붙여서 杵(공이 저)로 쓰지요.

33

每食道上下前後午(方)世

方

모 방 (方부)

才 ➡ 才 ➡ 方

뾰족하고 모난 도구의 모양을 본뜬 한자입니다. 방향이라는 뜻으로도 자주 사용됩니다.

모

죄인은 내 칼을 받아라! 어찌하여 이 모난 모양을 보고도 모 방(方) 자를 기억하지 못하는 게냐?

모난 모양으로 어느 방향을 가리키는 것같아요.

필순에 따라 써 보세요 方方方方 (총 4획)

方	方	方	方	方	方
모 방					
方	方	方			

· 後方(후방): 뒤쪽

34

世

每食道上下前後午方 世

世

인간/세상 세 (一부)

잎이 지고 새로운 잎이 돋는 모습으로 인간의 생애를 비유한 한자입니다.

우와! 신기하다.
세상이 이렇게 생겼구나.

나도 구경할래.

나도 끼워 줘!

필순에 따라 써 보세요   世世世世世 (총 5획)

世	世	世	世	世	世
인간/세상 세					
世	世	世			

· 世上(세상): 인간이 살고 있는 모든 사회.

훈장님 : 옥동자야! 앞에서 배운 한자의 음을 써 보는 문제다.

8급부터 여러 번 풀어본 문제 유형이니까 이번에도 할 수 있겠지?

옥동자 : 그럼요. 훈장님.

1. 每日 (　　　　　) 일기를 쓰면서 하루 동안 있었던 일을 생각합니다.

2. 食 (　　　　　)당에서 뛰어다니는 것은 나쁜 행동입니다.

3. 아빠는 경상道 (　　　　　) 사투리를 쓰십니다.

4. 우리 집 옥上 (　　　　　)에는 작은 화단이 있습니다.

5. 지下 (　　　　　)철을 타고 할아버지 댁에 갔습니다.

6. 국가대표팀은 前 (　　　　　)반에만 3골을 넣었습니다.

7. 이 감기약은 食後 (　　　　　)에 먹어야 합니다.

8. 친구와 내일 정午 (　　　　　)에 도서관에서 만나기로 약속을 했습니다.

9. 아빠가 지方 (　　　　　)에서 일을 하셔서 토요일에만 집에 오십니다.

10. 나는 언젠가 世 (　　　　　)계 일주를 할 것입니다.

 훈장님 : 앞에서 배운 것을 잘 기억해서 풀어 보렴. 옥동자, 화이팅!

11. '每日'의 뜻은?

    ① 하루건너 ② 이틀건너 ③ 날마다 ④ 시간마다

12. 밥그릇 모양을 본뜬 것으로 '먹다'라는 뜻의 한자는?

    ① 道 ② 後 ③ 食 ④ 前

13. 차나 사람이 다니는 '길'을 뜻하는 한자는?

    ① 每 ② 道 ③ 方 ④ 世

14. 서로 반대되는 한자끼리 묶인 것은?

    ① 午 - 道 ② 每 - 食 ③ 上 - 下 ④ 方 - 世

15. '아래'라는 뜻을 가진 한자는?

    ① 前 ② 上 ③ 下 ④ 午

16. '배 모양'이 들어있는 한자는?

    ① 後 ② 世 ③ 午 ④ 前

17. 다음 ( ) 안에 들어갈 알맞은 한자는?

    "우리 반에서 내가 제일 뒤( )에 앉는다."

    ① 前 ② 後 ③ 上 ④ 下

18. '낮'이라는 뜻을 가진 한자는?

    ① 午 ② 五 ③ 方 ④ 世

19. '모', '방향'이라는 뜻을 가진 한자는?

    ① 方 ② 每 ③ 午 ④ 上

20. '세상'이라는 뜻을 가진 한자는?

    ① 方 ② 每 ③ 道 ④ 世

훈장님 : 옥동자야, 내가 가르친 보람이 있구나.

옥동자 : 훈장님, 8급 보다 조금 어렵긴 하지만 더 재미있어요.

1. 다음 밑줄 친 漢字語(한자어)의 音(음:소리)을 쓰세요.

> 〈보기〉　漢字 → 한자

1) 每事에 감사합니다. (　　　　　　)

2) 저녁에 같이 食事할까요? (　　　　　　)

3) 人道에서 자전거를 타면 안 돼요. (　　　　　　)

4) 한강에는 水上 스포츠를 즐기는 사람들이 많아요. (　　　　　　)

5) 이 책은 上下 2권의 책으로 구성되어 있어요. (　　　　　　)

6) 사고는 事前에 예방하는 것이 중요합니다. (　　　　　　)

7) 운동 前後에 반드시 체조를 해야 합니다. (　　　　　　)

8) 저희 식당은 午前에는 영업을 하지 않습니다. (　　　　　　)

9) 前方에 무언가 움직이는 물체를 발견했습니다. (　　　　　　)

10) 온 世上을 덮은 눈 (　　　　　　)

2. 다음 漢字(한자)의 訓(훈:뜻)과 音(음:소리)을 쓰세요.

> 〈보기〉　字 → 글자 자

1) 每 (　　　　) 　　　　　　　　2) 食 (　　　　)

3) 道 (   )   4) 上 (   )

5) 下 (   )   6) 前 (   )

7) 後 (   )   8) 午 (   )

9) 方 (   )   10) 世 (   )

3. 다음 밑줄 친 단어의 漢字語(한자어)를 〈보기〉에서 골라 그 번호를
   쓰세요.

〈보기〉 ① 人道 ② 水道 ③ 世上 ④ 後世

1) 아직 물이 똑똑 떨어지니 <u>수도</u>를 잘 잠가라. (   )

2) 그분의 업적은 <u>후세</u>에 길이 빛날 것이다. (   )

4. 다음 漢字(한자)의 상대 또는 반대되는 漢字(한자)를 보기에서 골라 그
   번호를 쓰세요.

〈보기〉 ① 下 ② 食 ③ 午 ④ 前

1) 上 ←→ (　　　　　)

2) (　　　　　) ←→ 後

5. 다음 訓(훈:뜻)과 音(음:소리)에 맞는 漢字(한자)를 보기에서 골라 그 번호를 쓰세요.

〈보기〉　① 每　　② 食　　③ 道　　④ 上　　⑤ 下

　　　　　⑥ 前　　⑦ 後　　⑧ 午　　⑨ 方　　⑩ 世

1) 아래 하 (　　　　　)

2) 밥/먹을 식 (　　　　　)

3) 매양 매 (　　　　　)

4) 모 방 (　　　　)

5) 길 도 (　　　　)

6) 윗 상 (　　　　)

7) 앞 전 (　　　　)

8) 인간/세상 세 (　　　　　)

9) 뒤 후 (　　　　)

10) 낮 오 (　　　　　)

6. 다음 漢字語(한자어)의 뜻을 쓰세요.

  1) 每事 (   )

  2) 人道 (   )

7. 다음 漢字(한자)의 화살표가 있는 획은 몇 번째 쓰는지 〈보기〉에서 찾아
   그 번호를 쓰세요.

> 〈보기〉 ① 첫 번째   ② 두 번째   ③ 세 번째   ④ 네 번째
>
> ⑤ 다섯 번째 ⑥ 여섯 번째 ⑦ 일곱 번째 ⑧ 여덟 번째
>
> ⑨ 아홉 번째 ⑩ 열 번째   ⑪ 열한 번째 ⑫ 열두 번째
>
> ⑬ 열세 번째 ⑭ 열네 번째

1) 世   (   )

2) 食   (   )

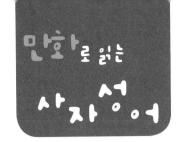

燈下不明 (등하불명)

'등잔 아래가 밝지 않다'는 뜻으로 가까운 데 생긴 일을 먼 곳의 일보다 도리어 더 모른다는 말입니다.

어?
차 열쇠가 없네.

보람아,
엄마 차 열쇠 못 봤니?

못 봤는데요.

이상하다.
열쇠를 어디에
두었지?

바로 엄마 옆에
있는데요.

에구, 등하불명이라더니…
바로 이럴 때
쓰는 말이네.

❖ 燈:등 등, 下:아래 하, 不:아닐 불, 明:밝을 명

 名
이름 명

姓
성씨 성

立
설 립

 自
스스로 자

動
움직일 동

活
살 활

力
힘 력

車
수레 거/차

物
물건 물

海
바다 해

名 姓立自動活力車物海

名

이름 **명** (口부)

夕 + 口 = 名

저녁 석(夕)과 입 구(口)가 합쳐진 한자입니다.

이름 명(名)은 저녁 석(夕)과 입 구(口)가 합쳐진 한자야.

와! 한자들이 합쳐진 글자네!

7급에 나올 한자 2개를 미리 배웠다.

필순에 따라 써 보세요	名名名名名名 (총 6획)

名

이름 **명**

· **名門**(명문): 이름난 학교. 또는 훌륭한 집안.

기억해요! 저녁 석(夕)과 입 구(口)는 7급에서 나오니 기억해 두면 좋아요.

44

名 姓 立 自 動 活 力 車 物 海

姓
성씨 성 (女부)

姓: 옥
名: 동자

女 + 生 = 姓

어머니[女]가 낳은[生] 아들에게 주는 성(姓)이라는 뜻입니다.

내 아들은 내 성(姓)을 따라야한다.

옛날에는 어머니 성을 따랐었대.

그럼 나도 옛날에 태어났으면 김민희가 아니고 정민희겠네.

필순에 따라 써 보세요	姓 姓 女 姓 姓 姓 姓 姓 (총 8획)

姓
성씨 성

· 姓名(성명): 성과 이름.

名 姓 立 自 動 活 力 車 物 海

立
설 립 (立부)

땅 위에 사람이 팔을 벌리고 서 있는 모습을 본뜬 한자입니다.

 설 립(立)은 사람이 모자를 쓰고 있는 것 같아.

 그게 아니고 사람이 양팔을 벌리고 서 있는 모습인 큰 대(大)와 땅을 상징하는 한 일(一)이 합쳐진 한자야.

필순에 따라 써 보세요   立 立 立 立 立 (총 5획)

立
설 립

46

·國立(국립): 나라가 세우고 관리함.   ·立場(입장): 당면한 상황.

名 姓 立 (自) 動 活 力 車 物 海

自

스스로 자 (自부)

사람의 코를 본뜬 한자입니다.

어머, 이렇게 잘 생긴 아이가 도대체 누구야?

그렇게 잘 생긴 사람이 나말고 또 누가 있겠어. 바로 나지!

필순에 따라 써 보세요	自 自 白 白 自 自 (총 6획)				
自	自	自	自	自	自
스스로 자					
	自	自	自		

· **自立**(자립): 남에게 의지하지 아니하고 스스로 섬.

47

名 姓 立 自 (動) 活 力 車 物 海

動
움직일 **동** (力부)

重 + 力 = 動

무거운(重:무거울 중) 것을 힘(力:힘 력)써서 움직인다는 뜻의 한자입니다.

아~휴, 힘들어!
너무 무거워서
움직이질 않네.

낑 ―
낑 ―

무거운 것을
움직이게 하려면
힘이 있어야지. 힘!
나처럼 말이야.
헤헤헤~

필순에 따라 써 보세요 動 動 動 動 動 動 動 動 重 動 動 (총 11획)

48

動	動	動	動	動
움직일 **동**				
動	動	動		

· **自動**(자동): 스스로 작동함. 또는 그런 기계.

기억해요! 무거울 중(重)은 7급에서, 힘 력(力)은 50페이지에서 나오는 한자니까 기억해 두면 좋아요.

名 姓 立 自 動 (活) 力 車 物 海

活
살 활 (氵/水부)

$氵 + 舌 = 活$

뜻을 결정한 물 수(氵/水)와 음을 결정한 혀 설(舌)이 합쳐진 한자입니다.

물이 없다면 사람이 과연 살 수 있을까?

아마 살 수 없을 걸. 오죽하면 살 활(活)처럼 혀에도 물이 있어야 산다는 한자가 생겨 났겠니.

나는 침이 엄청 많으니까 오래오래 살 거야. 히히히.

필순에 따라 써 보세요 活 活 活 活 活 活 活 活 活 (총 9 획)

活

살 활

· 活動(활동): 몸을 움직여 행동함.

기억해요! '혀 설(舌)'은 말씀 화(話:81페이지)에서 다시 나옵니다.

49

力

힘 **력** (力부)

名 姓 立 自 動 活 ⓛ 車 物 海

丿 → 力 → 力

농기구의 모습을 본뜬 한자입니다.

끼끼, 에구 무거워.

끼낑 ─

으 샤 ─!

음, 가뿐한걸.
일을 잘 하려면
힘이 세야지.

50

필순에 따라 써 보세요	力 力 (총 2획)				
力	力	力	力	力	力
힘 **력**					
	力	力	力		

·活力(활력): 살아 움직이는 힘.   ·力道(역도): 무거운 것을 들어 그 중량을 겨루는 경기.

名 姓 立 自 動 活 力 （車） 物 海

車

수레 **거/차** (車부)

수레를 위에서 내려다 본 모습을 본뜬 한자입니다.

옛날에는 말이 끄는 수레가 짐을 날랐단다.

그래서 자동차의 차(車) 와 자전거의 거(車)자가 수레 모양을 닮았구나.

필순에 따라 써 보세요 一 一 一 一 百 亘 車 (총 7획)

車	車	車	車	車	車
수레 **거/차**					
車	車	車			

· **自動車(자동차)**: 원동기로 바퀴를 회전시켜 도로 위를 달리게 만든 차.

기억해요! 차(車) 위에 군포를 덮으면 [軍]무슨 한자였죠? 군사 군(軍)!

名 姓 立 自 動 活 力 車 (物) 海

物
물건 물 (牛부)

牛 + 勿 = 物

소 우(牛)와 말 물(勿)이 합쳐진 한자입니다.

물건 물(物)에
소 우(牛)가
왜 들어 있는지 알아?

物

물론이지. 옛날에 소는
물건 중의 물건, 아주
중요한 물건이라고 생각했거든.
그래서 물건 물(物)의 뜻을
결정하게 된 거라고.

필순에 따라 써 보세요	物 物 物 物 物 物 物 物 (총 8획)

物

물건 물

· 動物(동물) : 길짐승, 날짐승, 물고기, 벌레 따위를 통틀어
　　　　　　이르는 말.

52

名姓立自動活力車物 海

海
바다 해 (氵/水부)

氵 + 每 = 海

물 수(氵/水)와 발음을 결정한 매양 매(每)가 합쳐진 한자입니다.

아빠, 여자녀(女)
앞에 있는 한자가
뭐예요?

海女

물 수(氵/水)와 매양
매(每)가 합쳐진 바다
해(海)야. 네가 가고
싶다고 매일 조르던
바다 말이다.

필순에 따라 써 보세요	海海海海海海海海海海 (총 10획)

海

바다 해

· 海物(해물): 바다에서 나는 동식물.

기억해요! 매양 매(每)는 26페이지에서 배웠어요.

훈장님 : 옥동자가 한문 시간에 열심히 안 하는 줄 알았더니 제법인걸.

앞에서 배운 10자를 상기하면서 풀어 보자.

옥동자 : 훈장님. 제가 수업 시간에 얼마나 열심히 공부했는데요. 이번에도 문제없어요.

1. 동생은 앞니가 커서 별名(   )이 토끼입니다.

2. 아버지와 나의 姓(   )은 이입니다.

3. 평생 모은 재산으로 학교에 장학 재단을 설立(   )하였습니다.

4. 엄마가 自(   )신감을 가지라고 말씀하셨습니다.

5. 아버지는 매일 아침마다 운動(   )을 합니다.

6. 우리 선생님은 늘 活氣(   )가 넘치십니다.

7. 저 선수는 지구力(   )이 뛰어납니다.

8. 우리나라 自動車(   )는 외국에서 많이 팔립니다.

9. 식物(   )원에는 신기한 식물들이 많이 있습니다.

10. 우리 삼촌은 씩씩한 海軍(   )입니다.

54

11. 이름 명(名)의 윗부분은 무슨 뜻을 가진 한자인가?

　　① 아침　　　② 점심　　　③ 저녁　　　④ 하늘

12. '여자 녀'와 '날 생'이 합쳐지면?

　　① 活　　　　② 姓　　　　③ 物　　　　④ 動

13. 사람이 땅을 디디고 서 있는 모습의 한자는?

　　① 自　　　　② 車　　　　③ 名　　　　④ 立

14. 사람의 코를 본뜬 한자는?

　　① 自　　　　② 力　　　　③ 立　　　　④ 動

15. '움직일 동'이 되기 위해 '重'과 합쳐져야 할 한자는?

　　① 車　　　　② 自　　　　③ 夕　　　　④ 力

16. '물'과 '혀'가 결합한 한자는?

　　① 姓　　　　② 動　　　　③ 活　　　　④ 海

17. '힘'이라는 뜻을 가진 한자는?

　　① 立　　　　② 自　　　　③ 力　　　　④ 車

18. '車'의 두 가지 음(소리)을 쓰세요.

　　(　　　　　,　　　　　)

19. '물건'이라는 뜻을 가진 한자는?

　　① 物　　　　② 活　　　　③ 動　　　　④ 名

20. '물 수'와 '매양 매'가 합쳐진 한자는?

　　① 活　　　　② 海　　　　③ 姓　　　　④ 物

55

훈장님 : 우리 옥동자 멋진데.

옥동자 : 뭘 이 정도 가지고요. 헤헤헤.

1. 다음 밑줄 친 漢字語(한자어)의 音(음:소리)을 쓰세요.

〈보기〉　漢字 → 한자

1) 삼촌은 名門 대학에 합격했어요. (　　　　　)

2) 성과 이름을 아울러 姓名이라고 합니다. (　　　　　)

3) 곳곳에 國立 도서관을 세웠습니다. (　　　　　)

4) 진정한 자유는 自立으로부터 나옵니다. (　　　　　)

5) 요즈음은 에어컨이 온도에 따라 自動으로 세기가 조절됩니다. (　　　　　)

6) 그 학생은 봉사 活動을 열심히 하였습니다. (　　　　　)

7) 力道 선수가 역기를 들어 올렸습니다. (　　　　　)

8) 下車할 때는 벨을 누르세요. (　　　　　)

9) 우거진 숲에는 動物들이 많이 삽니다. (　　　　　)

10) 海外로 여행을 가는 젊은이들이 늘었습니다. (　　　　　)

2. 다음 漢字(한자)의 訓(훈:뜻)과 音(음:소리)을 쓰세요.

〈보기〉　字 → 글자 자

1) 名　(　　　　　)　　　　　　　　2) 姓　(　　　　　)

3) 立 (   )   4) 自 (   )

5) 動 (   )   6) 活 (   )

7) 力 (   )   8) 車 (   )

9) 物 (   )   10) 海 (   )

3. 다음 밑줄 친 단어의 漢字語(한자어)를 〈보기〉에서 골라 그 번호를 쓰세요.

〈보기〉 ① 西海 ② 東海 ③ 名家 ④ 名山

1) 명산을 찾아서 등산을 간다. (   )

2) 새해 첫 해돋이를 보기 위해 동해로 갔다. (   )

4. 다음 漢字(한자)의 상대 또는 반대되는 漢字(한자)를 보기에서 골라 그 번호를 쓰세요.

〈보기〉 ① 上 ② 弟 ③ 兄 ④ 山

1) 海 ←──→ (　　　　　　)

2) (　　　　　　) ←──→ 下

5. 다음 訓(훈:뜻)과 音(음:소리)에 맞는 漢字(한자)를 보기에서 골라 그 번호를 쓰세요.

〈보기〉　① 名　② 姓　③ 立　④ 自　⑤ 動

　　　　　⑥ 活　⑦ 力　⑧ 車　⑨ 物　⑩ 海

1) 바다 해 (　　　　　　)

2) 성씨 성 (　　　　　　)

3) 물건 물 (　　　　　　)

4) 이름 명 (　　　　　　)

5) 설 립 (　　　　　　)

6) 수레 거/차 (　　　　　　)

7) 힘 력 (　　　　　　)

8) 스스로 자 (　　　　　　)

9) 살 활 (　　　　　　)

10) 움직일 동 (　　　　　　)

6. 다음 漢字語(한자어)의 뜻을 쓰세요.

1) 自動 (   )

2) 姓名 (   )

7. 다음 漢字(한자)의 화살표가 있는 획은 몇 번째 쓰는지 〈보기〉에서 찾아
   그 번호를 쓰세요.

〈보기〉 ① 첫 번째   ② 두 번째   ③ 세 번째   ④ 네 번째

⑤ 다섯 번째 ⑥ 여섯 번째 ⑦ 일곱 번째 ⑧ 여덟 번째

⑨ 아홉 번째 ⑩ 열 번째   ⑪ 열한 번째 ⑫ 열두 번째

⑬ 열세 번째 ⑭ 열네 번째

1)  (   )

2) 活   (   )

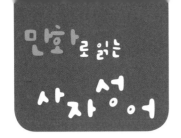

弱肉強食(약육강식)

약한 것이 강한 것에 먹힌다는 뜻입니다.

동물의 세계에서는 약한 동물이 강한 동물에게 먹힐 수밖에 없나 봐.

그게 바로 약육강식의 원리지. 아마 사람들 사이에서도 마찬가지일 걸?

정말이야?

그럼~

하하하~ 그렇다면 앞으로 내 말 잘 들어라. 알았냐?

야뵤~ 너야말로 내 말 잘 들어! 내가 너보다 힘 센 거 알지?

아, 아퍼.

❖ 弱:약할 약, 肉:고기 육, 强:강할 강, 食:밥/먹을 식

7급 II 과정

內
안 내

市
저자 시

場
마당 장

全
온전할 전

安
편안 안

不
아닐 불/부

平
평평할 평

正
바를 정

答
대답 답

直
곧을 직

안 내 (入부)

內市場全安不平正答直

사람이 머리를 숙이고 집 안으로 들어가는(入:들 입) 모습을 본뜬 한자입니다.

지금 집 안으로 들어간 사람이 누구지?

머리를 숙이고 안으로 들어가는 걸 보니 분명히 삼촌이에요. 키가 2m가 넘으니…

필순에 따라 써 보세요   丨冂内内 (총 4획)

內	内	内	内	内
안 내				
	内	内	内	

· **室內(실내)** : 방이나 건물의 안.

기억해요!   '入'(들 입)은 7급 한자이니 기억해 두면 좋아요.

62

월   일 확인:

內 (市) 場 全 安 不 平 正 答 直

市

저자 **시** (巾부)

申 ➡ 市 ➡ 市

물건을 사고 파는 저자에 장보러 간다는 뜻의 한자 입니다.

엄마, 조금있으면 시장에 사람들이 많이 오겠죠?

그래. 사람들이 장보러 간다는 뜻의 한자가 바로 저자 시(市)란다.

필순에 따라 써 보세요	市 市 市 市 市 (총 5획)

63

市	市	市	市	市	市
저자 **시**					
市	市	市			

· 市內(시내) : 시의 구획 안, 도시의 안.   ＊ 저자: '시장'을 예스럽게 이르는 말.

場

마당 장 (土부)

內 市 場 全 安 不 平 正 答 直

土 + 昜 = 場

따뜻한 햇볕(昜)이 내리쬐는 흙마당(土)을 나타낸 한자입니다.

우리학교 운동장은 흙으로덮여있어서 좋아.

놀라워라!

그래서 '운동장'의 '장(場)'이 흙 토(土)와 볕 양(昜)으로 이루어졌구나.

필순에 따라 써 보세요   場 場 場 場 場 場 場 場 場 場 場 場   (총 12획)

場	場	場	場	場	場
마당 장					
場	場	場			

· 市場(시장): 상품을 사고파는 거래가 이루어지는 장소.

內市場 ⓕ 安不平正答直

全

온전할 전 (入부)

入 + 玉 = 全

들어갈 입(入)과 임금 왕(王)처럼 보이지만 구슬 옥(玉)이 합쳐진 한자입니다.

구슬[玉]을 어디에 두면 좋을까요?

우리집의 보배이니 여기 넣어[入] 온전하게 잘 보관합시다.

필순에 따라 써 보세요	全 全 全 全 全 全 (총 6획)

全	全	全	全	全
온전할 전				

全 全 全

65

· 全國(전국): 온 나라.

安
편안 안 (宀부)

 内 市 場 全 安 不 平 正 答 直

 → → 安

여자가 편안히 방 안에 있는 모습을 본뜬 한자입니다.

옛날에는 여자가 집에 있어야 편안하다고 집에 있는 여자 모습을 본떠서 만들었대.

하지만 요즘 여자들은 남자보다 더 활발히 활동하지.

 나 사장.

나 장관.

필순에 따라 써 보세요	安 安 安 宊 安 安 (총 6획)

安	安	安	安	安	安
편안 안					
	安	安	安		

· **安全**(안전): 위험하지 않음. 또는 위험이 없는 상태.

 재밌는 한자 '안녕(安寧)하세요?', '편안(便安)하시죠?'할 때도 모두 '편안 안(安)'자가 들어가요.

66

內市場全安 (不) 平正答直

不

아닐 불/부 (一부)

씨앗이 자라고 있지만 아직 땅 밖으로 나오지 아니한 모습의 한자입니다.

새가 날아가버렸어.
다시 돌아오지 않겠지?
흑흑흑.

아마 그럴걸.
새가 하늘로 올라가
내려오지 않음을 본따 아닐 불(不)이
만들어졌다고 설명하기도 했어.

| 필순에 따라 써 보세요 | 不不不不 (총 4획) |

不	不	不	不	不	不
아닐 불/부					
不	不	不			

·不安(불안): 편안하지 않고 조마조마함.

재밌는 한자 '不'(아닐 불) 다음에 'ㄷ' 'ㅈ'으로 시작되는 글자가 오면 '불'이 아니고, '부'라고 발음해요.
不正(부정), 不動(부동)

67

平

평평할 평 (干부)

內市場全安不⟮平⟯正答直

양쪽으로 팔을 벌리고 있는 접시저울의 모습을 본뜬 한자입니다.

이걸 똑같이 나누려면 저울로 무게를 달아봐야겠다.

천칭이 평평하면 무게가 같은 거니까 똑같이 나눌 수 있겠다.

필순에 따라 써 보세요   平 平 平 平 平 (총 5 획)

平

평평할 평

· 不平(불평): 마음에 들지 않아 못마땅함. 또는 그것을 말이나 행동으로 드러냄.

68

正

바를 정 (止부)

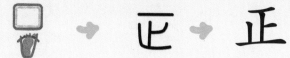

匸 ➡ 正

지역(一)과 발(止)이 합쳐져 바로잡으러 나아가는 모습의 한자입니다.

저곳은 적군이 있는 곳이다. 우리가 공격하여 바른 정치를 펼치자!

이번까지 10번째 공격이군!

필순에 따라 써 보세요   正 正 正 正 正 (총 5획)

正

바를 정

69

· 不正(부정): 옳지 못함.

內 市 場 全 安 不 平 正 (答) 直

答

대답 답 (竹부)

竹 + 合 = 答

대나무 죽(竹)과 발음을 결정한 합할 합(合)이 합쳐진 한자입니다.

맑게 개인 하늘과 같은 것이란다.

대답 답(答)은 대나무의 모양을 본뜬 죽(竹)과 발음을 결정한 합(合)이 합쳐진 한자야.

대나무(竹)와 대답이 무슨 관련이 있지?

옛날에는 대나무에 글을 써서 답장을 보내서 그런거구나!

필순에 따라 써 보세요   答 答 答 答 答 答 答 答 答 答 答 答 (총 12획)

答

대답 **답**

· 正答(정답): 옳은 답.

内 市 場 全 安 不 平 正 答 直

直

곧을 **직** (目부)

直 → 直 → 直

눈(目) 위에 곧은 선을 그어 놓은 모습을 본뜬 한자입니다.

나무가 곧게 잘라졌는지 눈에 대고 볼까?

잠깐, 움직이지마! 눈 위에 선을 그은 모양이니까 곧을 직(直). 고마워. 덕분에 한자 외웠다.

필순에 따라 써 보세요   直 直 直 直 直 直 直 直   (총 8획)

直	直	直	直	直	直
곧을 **직**					
直	直	直			

· 正直(정직): 마음이 바르고 곧음.

기억해요!   눈 목(目)은 7급 한자의 얼굴 면(面)에도 들어 있으니 기억해 두세요.

훈장님 : 옥동자야, 어려운 한자들이 많은데 다 외울 수 있겠니?
배우는 한자 수가 느는만큼 옥동자의 한자 실력도 쑥쑥 늘어가는 구나.

옥동자 : 친구들이 저 보고 한자 대장이래요.

1. 겨울에는 추워서 内( )복을 입어요.

2. 도市( )는 많은 사람들로 북적거렸습니다.

3. 工場( )에서 나오는 폐수를 처리하여야 합니다.

4. 全校生( )이 모두 모여 영화를 봤습니다.

5. 이 의자는 참 편安( )합니다.

6. 不( )만이 많을수록 不( )행 합니다.

7. 군인 아저씨들은 平( )화를 지키기 위해 애쓰십니다.

8. 학교 正門( )에서 만나기로 약속했어요.

9. 친구의 편지에 答( )장을 썼습니다.

10. 두 점을 이은 直( )선을 그리세요.

훈장님 : 과연 내 제자 답구나. 남은 문제도 열심히 해 보자.

72

11. '바깥 외(外)'의 반대되는 뜻의 한자는?

    ① 不   ② 正   ③ 內   ④ 全

12. '저자' '시장'이라는 뜻을 가진 한자는?

    ① 內   ② 市   ③ 不   ④ 正

13. '마당'이라는 뜻을 가진 한자는?

    ① 答   ② 直   ③ 安   ④ 場

14. '온전하다'라는 뜻을 가진 한자는?

    ① 全   ② 安   ③ 平   ④ 不

15. 집 안에 여자가 편안히 있는 모습을 본뜬 한자는?

    ① 全   ② 安   ③ 平   ④ 不

16. '不平'과 '不正'은 각각 어떻게 읽나요?

    (,   )

17. '평평하다'라는 뜻을 가진 한자는?

    ① 內   ② 全   ③ 平   ④ 不

18. '바르다'라는 뜻을 가진 한자는?

    ① 全   ② 平   ③ 不   ④ 正

19. '묻다'와 반대의 뜻을 가진 한자는?

    ① 場   ② 答   ③ 直   ④ 安

20. '直'의 훈(뜻)은?

    ① 안   ② 밖   ③ 곧다   ④ 아니다

훈장님 : 벌써 다 풀었구나. 힘들면 조금 쉬었다 할까?

옥동자 : 뭘 이 정도 가지고요. 뒷장에 있는 한자 문제 마저 풀게요.

1. 다음 밑줄 친 漢字語(한자어)의 音(음:소리)을 쓰세요.

〈보기〉 漢字 → 한자

1) 옷을 따뜻하게 입고 室內 온도를 조금 낮추어라. (　　　　　)

2) 어린이를 구한 용감한 市民이 표창장을 받았습니다. (　　　　　)

3) 어머니는 市場에서 생선을 사 오셨어요. (　　　　　)

4) 全校 회장을 선출하는 투표가 있습니다. (　　　　　)

5) 가장 중요한 것은 安全입니다. (　　　　　)

6) 바람이 세게 불자 배 안의 승객들은 不安해졌어요. (　　　　　)

7) 이 가게는 平日에도 손님이 많습니다. (　　　　　)

8) 올바른 목적을 위한다고 不正한 수단이 허용되지는 않는다. (　　　　　)

9) 正答을 맞혀 보아라. (　　　　　)

10) 正直이 최선임을 명심해라. (　　　　　)

2. 다음 漢字(한자)의 訓(훈:뜻)과 音(음:소리)을 쓰세요.

〈보기〉 字 → 글자 자

1) 內 (　　　　　)　　　　　　　　2) 市 (　　　　　)

3) 場 (   )　　　4) 全 (   )

5) 安 (   )　　　6) 不 (   )

7) 平 (   )　　　8) 正 (   )

9) 答 (   )　　　10) 直 (   )

3. 다음 밑줄 친 단어의 漢字語(한자어)를 〈보기〉에서 골라 그 번호를
쓰세요.

〈보기〉　①國內　②正直　③直前　④室內

1) 마라톤 <u>국내</u> 최고 기록을 세우다. (   )

2) 경기가 끝나기 <u>직전</u>에 극적인 골을 넣어 이겼다. (   )

4. 다음 漢字(한자)의 상대 또는 반대되는 漢字(한자)를 보기에서 골라 그
번호를 쓰세요.

〈보기〉　①內　②正　③校　④全

1) 不 ⟷ (   )

2) (   ) ⟷ 外

5. 다음 訓(훈:뜻)과 音(음:소리)에 맞는 漢字(한자)를 보기에서 골라 그 번호를 쓰세요.

〈보기〉 ① 内   ② 市   ③ 場   ④ 全   ⑤ 安
        ⑥ 不   ⑦ 平   ⑧ 正   ⑨ 答   ⑩ 直

1) 온전할 전 (   )

2) 평평할 평 (   )

3) 대답 답 (   )

4) 안 내 (   )

5) 곧을 직 (   )

6) 저자 시 (   )

7) 바를 정 (   )

8) 마당 장 (   )

9) 편안 안 (   )

10) 아닐 불/부 (   )

6. 다음 漢字語(한자어)의 뜻을 쓰세요.

　1) 市場 (　　　　　　　)

　2) 正直 (　　　　　　　)

7. 다음 漢字(한자)의 화살표가 있는 획은 몇 번째 쓰는지 〈보기〉에서 찾아
　 그 번호를 쓰세요.

> 〈보기〉 ① 첫 번째　② 두 번째　③ 세 번째　④ 네 번째
>
> 　　　 ⑤ 다섯 번째　⑥ 여섯 번째　⑦ 일곱 번째　⑧ 여덟 번째
>
> 　　　 ⑨ 아홉 번째　⑩ 열 번째　⑪ 열한 번째　⑫ 열두 번째
>
> 　　　 ⑬ 열세 번째　⑭ 열네 번째

1)  (　　　　　)

2)  (　　　　　)

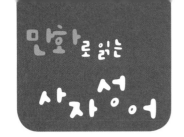

坐不安席 (좌불안석)

자리에 편안히 앉지 못한다는 뜻으로, 불안이나 근심 등으로 한 자리에
오래 앉아 있지 못하는 것을 말합니다.

❖ 坐:앉을 좌, 不:아닐 불, 安:편안 안, 席:자리 석

7급 Ⅱ 과정

손 수

말씀 화

발 족

강 강

한수/한나라 한

사내 남

아들 자

효도 효

오른쪽 우

왼 좌

手 話 足 江 漢 男 子 孝 右 左

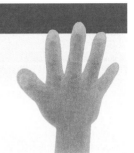

手
손 수 (手부)

손가락을 활짝 펴고 있는 모습을 본뜬 한자입니다.

손 모양
그리려고?

아니, 손가락을 활짝 편 모양을
본뜬 한자가 손 수(手)라고 해서
한 번 써보려고.

필순에 따라 써 보세요   手 手 三 手   (총 4획)

手	手	手	手	手	手
손 수					
手	手	手			

· 木手(목수): 나무를 다루어 집이나 가구 등을
  만드는 일을 직업으로 하는 사람.

80

手 (話) 足 江 漢 男 子 孝 右 左

話
말씀 화 (言부)

言 + 舌 = 話

말씀 언(言)과 혀 설(舌)이 합쳐진 한자입니다.

지금부터 이 한자박사가
하시는 말씀 잘 들어. 알았지?
말씀 화(話)는 말씀 언(言)과
혀 설(舌)이 합쳐져서
만들어진 한자란다.
언더스탠드?

우와~, 두 한자 모두에
입 구(口)가 들어 있으니
너만큼이나 수다스러운
한자구나.

| 필순에 따라 써 보세요 | 丶 亠 亍 言 言 言 言 言 訐 訐 話 話 (총 13획) |

話
말씀 화

·手話(수화): 손과 손가락을 움직여 의미를 전달하는
언어.

기억나요? 혀 설(舌)이 들어 있는 한자 살 활(活) 기억나요?
(49페이지)

足
발 족 (足부)

手話足江漢男子孝右左

 → 足 → 足

사람의 다리와 발의 모양을 본뜬 한자입니다.

네모 모양의 튼튼한 아빠 장딴지를 보면 생각나는 한자 없니?

아하, 네모 모양의 장딴지 근육 밑에 다리와 발 모양이 있는 발 족(足) 말씀하시는 거죠?

필순에 따라 써 보세요 足足足足足足足 (총 7획)

足

발 족

· 手足(수족): 손과 발. 또는 손발처럼 마음대로 부리는 사람을 비유적으로 이르는 말.

手話足 (江) 漢男子孝右左

江

강 강 (氵/水부)

$$氵 + 工 = 江$$

물 수(氵/水)와 발음을 결정한 장인 공(工)이 합쳐진 한자입니다.

무슨 한자지?
물 수(氵/水)가 부수에
있는 걸 보니까 분명히
물과 관련이 있는 것
같은데…

딩동댕! 제법 똑똑한 걸.
물 수(氵/水)와 발음을 결정한
장인 공(工)이 합쳐져 만들어진
강 강(江)이야.
공공공- 강강강-

필순에 따라 써 보세요   江 江 江 江 江 江   (총 6획)

江	江	江	江	江	江
강 강					
江	江	江			

· 江山(강산) : 강과 산이라는 뜻으로, 자연의 경치나 나라의 영토를 이르는 말.

월 일 확인:

手話足江(漢)男子孝右左

漢

한수/한나라 **한** (氵/水부)

氵 + 莫 = 漢

중국의 강 이름에서 유래된 한자입니다.

한(漢)은 왜 부수가
물 수(氵/水)변이지?
물과 관련된
한자도 아닌데…

한(漢)은 뜻을 결정한
물 수(氵/水)와 발음을 결정한 난(莫)이
합쳐진 한자로 원래 양자강의 한 지류를
가리키는 이름이었기 때문이야.

| 필순에 따라 써 보세요 | 漢漢漢漢漢漢漢漢漢漢漢漢漢漢 (총 14획) |

84

漢	漢	漢	漢	漢
한수/한나라 **한**				
漢	漢	漢		

·漢江(한강): 서울을 중심으로 우리나라 중부를 흐르는 강.

手話足江漢 男 子孝右左

男

사내 남 (田부)

밭에서 농기구로 농사 짓는 모습을 본뜬 한자입니다.

난 힘 센 농사꾼,
어서 밭을 갈아야지.

정말 남자(男子)답다.

필순에 따라 써 보세요 男 男 男 男 男 男 男 (총 7획)

男

사내 남

男 男 男

· 長男(장남): 맏아들.

子

아들 자 (子부)

포대기에 싸인 아기의 모습을 본뜬 한자입니다.

아기는 몸에 비해 머리가 정말 크다.

응애응애

헤헤, 아기만 머리가 큰게 아닌 것 같은데……

필순에 따라 써 보세요	了 子 子 (총 3획)

子

아들 자

· **男子(남자)**: 남성으로 태어난 사람.

기억나요? '배울 학 (學)'에도 '가르칠 교 (敎)'에도 아들 자(子)가 있었지요?

手話足江漢男子 孝 右左

孝

효도 **효** (子部)

자식이 늙은 부모님을 업고 있는 모습을 본뜬 한자입니다.

어머니, 힘드신 데 제게 업히세요.

늙으신 어머니를 저렇게 매일 업고 다니다니 정말 효자야.

필순에 따라 써 보세요   孝孝孝孝孝孝孝 (총 7획)

孝	孝	孝	孝	孝	孝
효도 **효**					
孝	孝	孝			

· 孝子(효자): 어버이를 잘 섬기는 아들.

재밌는 한자 '孝'(효도 효)가 아닌[不:아닐 불] 것은 '不孝(불효)'지요.

87

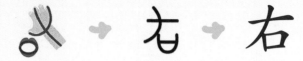

右

오른쪽 우 (口부)

손의 모양과 입 구(口)가 합쳐져 밥을 먹는 '오른손', '오른쪽'을 뜻합니다.

영차영차~
제가 구호를 외치니까
일하는 데 도움이 되시죠?

영차!
영차!

멍!
멍!

손과 입의 환상적인 콤비,
이게 바로 오른쪽 우(右)자란다.

필순에 따라 써 보세요   ナ ナ 尢 右 右   (총 5획)

右	右	右	右	右	右
오른쪽 우					
右	右	右			

· 右中間(우중간): 중앙과 오른쪽 사이.

기억해요!   '입 구(口)'는 7급 한자니까 기억해 두세요.

88

월   일 확인: _____

手話足江漢男子孝右左

左

왼 좌 (工부)

𢦏 ➡ 左 ➡ 左

공구를 들고 있는 손의 모습을 본뜬 한자입니다.

왼 손으로 그 공구 좀 집어 줄래?

깜격!

네. '공구를 손에 든 모양이 바로 왼 좌(左)' 아빠도 도와 드리고, 한자도 외우고, 이게 바로 일석이조라는 거죠?

| 필순에 따라 써 보세요 | 一 ナ ナ 左 左 (총 5획) |

左	左	左	左	左	左
왼 좌					
左	左	左			

·左右(좌우): 왼쪽과 오른쪽.

기억나요? '왼 좌(左)'에 '장인 공(工)'이 들어 있어요!

> 훈장님 : 이제 7급Ⅱ도 거의 다 끝나가는구나.
>
> 우리 옥동자는 한자 공부가 정말 재미있나 보구나.
>
> 옥동자 : 네, 훈장님. 이제 모의고사에 도전할 준비도 해야겠죠?

1. 작은 실手( )도 조심하지 않으면 큰 사고로 이어질 수 있어요.

2. 공중 電話( )를 사용하는 사람이 많이 줄었습니다.

3. 만足( )할 줄 모르면 행복하기 어렵습니다.

4. 江( )을 따라 올라가면 기암절벽이 보입니다.

5. 내 이름을 漢( )자로 쓸 수 있어요.

6. 저는 엄마를 닮고 男( )동생은 아빠를 닮았어요.

7. 선생님께는 두 명의 子女( )가 있습니다.

8. 우리 아버지는 동네에서 孝子( )로 소문이 났습니다.

9. 집에 가려면 사거리에서 右( )회전해야 합니다.

10. 횡단보도를 건널 때는 左右( )를 잘 살펴야 합니다.

 훈장님 : 이러다가 옥동자가 나보다 한자를 더 잘하겠는걸.

11. 손가락을 편 사람의 손 모양을 본뜬 한자는?

　　① 手　　　　② 足　　　　③ 子　　　　④ 右

12. 혀의 모양이 들어 있는 한자는?

　　① 手　　　　② 足　　　　③ 話　　　　④ 男

13. '발'이라는 뜻을 가진 한자는?

　　① 手　　　　② 足　　　　③ 左　　　　④ 右

14. '강'이라는 뜻과 음(소리)을 가진 한자는?

　　① 漢　　　　② 孝　　　　③ 男　　　　④ 江

15. 서울 시내를 가로지르는 큰 강은?

　　① 漢江　　　② 錦江　　　③ 洛東江　　④ 大同江

16. 밭에서 농기구로 농사 짓는 모습을 본뜬 한자는?

　　① 足　　　　② 子　　　　③ 男　　　　④ 孝

17. 어린 아기의 모습을 본뜬 한자는?

　　① 足　　　　② 子　　　　③ 男　　　　④ 孝

18. 자식이 늙은 부모님을 업고 있는 모습을 본뜬 한자는?

　　① 男　　　　② 子　　　　③ 安　　　　④ 孝

19. '왼쪽'이라는 뜻을 가진 한자는?

　　① 左　　　　② 右　　　　③ 手　　　　④ 足

20. '左'의 상대되는 뜻의 한자는?

　　① 左　　　　② 右　　　　③ 手　　　　④ 足

 훈장님 : 짝짝짝, 옥동자가 드디어 8급에 이어 7급Ⅱ까지 해냈구나.

 옥동자 : 헤헤헤, 7급에도 빨리 도전해 보고 싶어요.

1. 다음 밑줄 친 漢字語(한자어)의 音(음:소리)을 쓰세요.

> 〈보기〉 漢字 → 한자

1) 이 물건은 일일이 손으로 만든 <u>手工</u> 제품입니다. (   )

2) 손과 손가락을 움직여 전달하는 언어를 <u>手話</u>라고 합니다. (   )

3) 가뭄으로 농사를 지을 물이 <u>不足</u>해요. (   )

4) 아름다운 우리 <u>江山</u> (   )

5) <u>漢江</u>은 서울을 가로지릅니다. (   )

6) 저는 2남 1녀 중 <u>長男</u>입니다. (   )

7) 혜인이는 웬만한 <u>男子</u>보다 힘이 더 세요. (   )

8) 이 이야기에는 부모에게 <u>孝道</u>해야 한다는 교훈이 있어요. (   )

9) 타자가 때린 공이 <u>右中間</u>으로 날아갔어요. (   )

10) 고개를 <u>左右</u>로 흔들며 손사래를 쳤어요. (   )

2. 다음 漢字(한자)의 訓(훈:뜻)과 音(음:소리)을 쓰세요.

> 〈보기〉 字 → 글자 자

1) 手 (   )   2) 話 (   )

3) 足 (   )   4) 江 (   )

5) 漢 (   )   6) 男 (   )

7) 子 (   )   8) 孝 (   )

9) 右 (   )   10) 左 (   )

3. 다음 밑줄 친 단어의 漢字語(한자어)를 〈보기〉에서 골라 그 번호를 쓰세요.

〈보기〉 ①前後左右 ②東西南北 ③男子 ④男女

1) 병사들이 <u>전후좌우</u>를 둘러싸다. (   )

2) 이 옷은 <u>남녀</u> 구별 없이 입을 수 있다. (   )

4. 다음 漢字(한자)의 상대 또는 반대되는 漢字(한자)를 보기에서 골라 그 번호를 쓰세요.

〈보기〉 ①手 ②女 ③右 ④男

1) 左 ←→ (   )

2) (   ) ←→ 足

5. 다음 訓(훈:뜻)과 音(음:소리)에 맞는 漢字(한자)를 보기에서 골라 그 번호를 쓰세요.

〈보기〉 ① 手   ② 話   ③ 足   ④ 江   ⑤ 漢
        ⑥ 男   ⑦ 子   ⑧ 孝   ⑨ 右   ⑩ 左

94

1) 사내 남 (   )

2) 발 족 (   )

3) 오른쪽 우 (   )

4) 왼 좌 (   )

5) 말씀 화 (   )

6) 효도 효 (   )

7) 강 강 (   )

8) 아들 자 (   )

9) 한수/한나라 한 (   )

10) 손 수 (   )

6. 다음 漢字語(한자어)의 뜻을 쓰세요.

　1) 手話 (　　　　　　)

　2) 孝道 (　　　　　　)

7. 다음 漢字(한자)의 화살표가 있는 획은 몇 번째 쓰는지 〈보기〉에서 찾아
　그 번호를 쓰세요.

〈보기〉 ① 첫 번째　② 두 번째　③ 세 번째　④ 네 번째
　　　　⑤ 다섯 번째　⑥ 여섯 번째　⑦ 일곱 번째　⑧ 여덟 번째
　　　　⑨ 아홉 번째　⑩ 열 번째　⑪ 열한 번째　⑫ 열두 번째
　　　　⑬ 열세 번째　⑭ 열네 번째

1) 話　　　(　　　　　)

2) 江　　　(　　　　　)

左之右之 (좌지우지)

자기 마음대로 자유롭게 일을 처리하고, 다른 사람도 마음대로 지휘하는 것을 뜻합니다.

김하늘, 나와서 한번 구령 붙여봐.

네!

전체 차렷!

킥킥킥, 이젠 내 마음대로다.

우향우, 좌향좌, 우향~, 좌향, 앞으로가!

하, 하늘아. 뭐 하는 거니?

선생님, 제 마음대로 아이들을 좌지우지 하니까 재밌는데요.

크~

❖ 左:왼 좌, 之:갈 지, 右:오른쪽 우, 之:갈 지

실전 대비 총정리

● 다음 밑줄 친 漢字語(한자어)의 音(음)을 쓰세요.(1~22)

<보기> 漢字 → 한자

1. 풍선이 <u>空中</u>으로 날아올라요. (   )

2. 요즘은 에너지 효율이 높은 <u>家電</u>제품들이 많아요. (   )

3. 이 전선에는 <u>電氣</u>가 흐리고 있으니 조심하세요. (   )

4. <u>日記</u>는 그날그날 쓰는 것이 좋아요. (   )

5. 운전자는 <u>後方</u>을 잘 살피며 주차하여야 합니다. (   )

6. 여기는 <u>水道</u>도 들어오지 않는 산골 마을입니다. (   )

7. 깃발을 <u>上下</u>로 흔들며 도로 위의 차량을 통제했어요. (   )

8. 군인들이 <u>前後</u>를 살피며 앞으로 나아갔어요. (   )

9. 이 섬에서 <u>自生</u>하는 식물들이 많아요. (   )

10. 봄이 되자 거리에 <u>活力</u>이 넘쳐요. (   )

11. 연락처와 <u>姓名</u>을 정확히 써 주세요. (   )

12. 호랑이는 주로 밤에 <u>活動</u>을 해요. (   )

13. 놀이동산이 <u>平日</u>에는 한적해요. (   )

14. 선수들은 <u>全力</u>을 다했어요. (   )

15. 한번 <u>立場</u>을 바꾸어 놓고 생각해 보아라. (   )

16. 산에서는 <u>安全</u>한 등산로를 따라가야 합니다. (   )

17. 그 대감 집에는 <u>手足</u>처럼 부리던 하인들이 많았어요. (   )

18. 횡단보도를 건널 때는 <u>左右</u>를 잘 살펴야 합니다. (   )

19. 운동 <u>不足</u>으로 체중이 늘었어요. (   )

20. 옛날 산골 마을에 <u>孝子</u>가 살고 있었어요. (   )

21. 빈 <u>空間</u>에 물건을 쌓았어요. (　　　　　)

22. 나는 <u>世上</u>에서 축구가 제일 좋아요. (　　　　　)

⬤ 다음 漢字(한자)의 訓(훈)과 音(음)을 쓰세요. (23~42)

<보기> 字 → 글자 자

23. 工　　　　　　**24.** 記

25. 氣　　　　　　**26.** 後

27. 方　　　　　　**28.** 名

29. 道　　　　　　**30.** 上

31. 食　　　　　　**32.** 動

33. 活　　　　　　**34.** 力

35. 車　　　　　　**36.** 物

37. 海　　　　　　**38.** 內

39. 場　　　　　　**40.** 答

41. 右　　　　　　**42.** 左

⬤ 다음 訓(훈)과 音(음)에 맞는 漢字(한자)를 <보기>에서 골라 그 번호를 쓰세요.(43~52)

<보기>　①家　②事　③每　④午　⑤立
　　　　　⑥自　⑦正　⑧直　⑨話　⑩男

43. 말씀 화

44. 설 립

45. 집 가

46. 일 사

47. 매양 매

48. 사내 남

49. 낮 오

50. 스스로 자

51. 곧을 직

52. 바를 정

◉ 다음 漢字語(한자어)의 뜻을 쓰세요. (53~54)

53. 全力

54. 平日

◉ 다음 漢字(한자)의 상대 또는 반대되는 漢字(한자)를 〈보기〉에서 골라 그 번호를 쓰세요. (55~56)

〈보기〉 ①內 ②足 ③手 ④後 ⑤子

55. 外 ⟷ (   )

56. 先 ⟷ (   )

◉ 다음 문장에서 밑줄 친 단어의 漢字語(한자어)를 〈보기〉에서 골라 그 번호를 쓰세요. (57~58)

〈보기〉	① 午前	② 午後	③ 人工	④ 人間	⑤ 中間

57. 이 책은 처음에는 지루하지만 <u>중간</u>부터 재미있다.(   )

58. 내일 <u>오전</u>에 한문 시험을 본다.(   )

● 다음 漢字(한자)의 진하게 표시한 획은 몇 번째 쓰는지 〈보기〉에서 찾아 그 번호를 쓰세요.(59~60)

〈보기〉	① 첫 번째	② 두 번째	③ 세 번째	④ 네 번째
	⑤ 다섯 번째	⑥ 여섯 번째	⑦ 일곱 번째	⑧ 여덟 번째
	⑨ 아홉 번째	⑩ 열 번째	⑪ 열한 번째	⑫ 열두 번째
	⑬ 열세 번째	⑭ 열네 번째		

59. 電   (   )

60. 農   (   )

부록

상대어·반의어

부수 익히기

8급 한자 복습

⊙ 뜻이 서로 상대 또는 반대가 되는 한자를 공부해 봅시다.

작을 소 小 ←→ 大 큰 대

형 형 兄 ←→ 弟 아우 제

불 화 火 ←→ 水 물 수

안 내 內 ←→ 外 바깥 외

왼 좌 左 ←→ 右 오른쪽 우

사내 남 男 ←→ 女 여자 녀

손 수 手 ←→ 足 발 족

윗 상 上 ←→ 下 아래 하

동녘 동 東 ←→ 西 서녘 서

남녘 남 南 ←→ 北 북녘 북

배울 학 學 ←→ 敎 가르칠 교

먼저 선 先 ⟷ 後 뒤 후

앞 전 前 ⟷ 後 뒤 후

아닐 불/부 不 ⟷ 正 바를 정

강 강 江 ⟷ 山 뫼 산

아비 부 父 ⟷ 母 어미 모

⊙ **다음 문장의 밑줄 친 단어와 같은 뜻의 한자를 쓰세요.**

1. 이번 휴가는 <u>산</u>으로 갈까, <u>바다</u>로 갈까? (,   )

2. 해는 <u>동쪽</u>에서 떠서 <u>서쪽</u>으로 집니다. (,   )

⊙ **다음 문제를 잘 읽고 알맞은 번호를 고르세요.**

3. 다음 반대 또는 상대되는 한자끼리 바르게 짝지어진 것은?

　①前 - 外　②母 - 山　　③手 - 足　　④兄 - 父

4. 다음 반대 또는 상대되는 한자끼리 짝지은 것 중에 잘못 짝지어진 것은?

　①父 - 母　②男 - 弟　　③先 - 後　　④學 - 敎

5. 앞 전(前)과 반대되는 한자는?

　①後　　　②山　　　③先　　　④學

氵
삼 수

氵 + 每 = 海
삼 수   매양 매   바다 해

물 수(水)가 부수로 쓰일 때는 氵 모양으로 쓰이기도 합니다.

丶 丶 氵 (총 3획)

물 수(水)가 들어간 氵부수 한자를 써 보세요.

海				
바다 해				

宀
집 면

宀 + 女 = 安
집 면   여자 녀   편안 안

丶 丶 宀 (총 3획)

집 면(宀)이 들어간 宀부수 한자를 써 보세요.

安				
편안 안				

104

气
기운 기

气 + 米 = 氣
기운 기   쌀 미   기운 기

丿 ⺈ ⺌ 气 (총 4획)

기운 기(气)가 들어간 气부수 한자를 써 보세요.

氣
기운 **기**

門
문 문

門 + 日 = 間
문 문   날 일   사이 간

丨 冂 冂 冂 冃 門 門 門 (총 8획)

문 문(門)이 들어간 門부수 한자를 써 보세요.

間
사이 **간**

口
큰입 구

口 + 或 = 國
큰입 구   혹 혹   나라 국

丨冂口 (총 3획)

큰입 구(口)가 들어간 口부수 한자를 써 보세요.

國				
나라 **국**				

竹
대 죽

竹 + 合 = 答
대 죽   합할 합   대답 답

대 죽(竹)이 부수로 쓰일 때는 ⺮ 모양으로 쓰이기도 합니다.

丿丿𣥂𣥂⺮竹 (총 6획)

대 죽(竹)이 들어간 ⺮부수 한자를 써 보세요.

答				
대답 **답**				

월   일   확인: _____

책받침

` ` ` ` 辶 (총 4획)

책받침(辶)이 들어간 辶부수 한자를 써 보세요.

道				
길 도				

어진사람 인

ノ 儿 (총 2획)

어진사람 인(儿)이 들어간 儿부수 한자를 써 보세요.

先				
먼저 선				

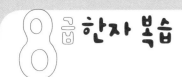
필순에 따라 한자를 써 보세요.

月							
달 월							

月 - 총 4획	月 月 月 月

· 生年月日(생년월일)

火							
불 화							

火 - 총 4획	火 火 火 火

· 火山(화산)

水							
물 수							

水 - 총 4획	水 水 水 水

· 水道(수도), 水軍(수군)

木							
나무 목							

木 - 총 4획	一 十 才 木 木

· 木手(목수)

金							
쇠 금							

金 - 총 8획	金 金 金 金 金 金 金 金

· 年金(연금)

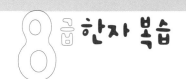
필순에 따라 한자를 써 보세요.

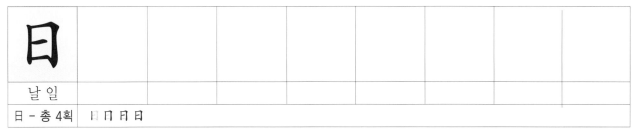

土								
흙 토								
土 - 총 3획	土 十 土							

· 土木(토목), 國土(국토)

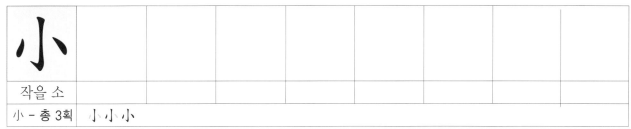

日								
날 일								
日 - 총 4획	日 冂 日 日							

· 日記(일기)

小								
작을 소								
小 - 총 3획	小 小 小							

상대 · 반의어 : 大(큰 대)

白								
흰 백								
白 - 총 5획	白 白 白 白 白							

· 空白(공백)

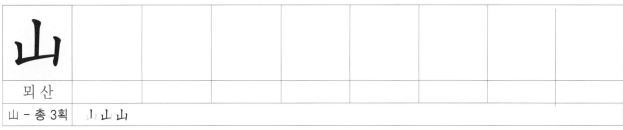

山								
뫼 산								
山 - 총 3획	山 山 山							

· 山水(산수)

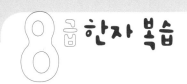
필순에 따라 한자를 써 보세요.

一								
한 일								
一 - 총 1획	一							

· 一年(일년), 一生(일생)

二								
두 이								
二 - 총 2획	二 二							

· 二十(이십), 二世(이세)

三								
석 삼								
一 - 총 3획	三 三 三							

· 三寸(삼촌), 三國(삼국)

四								
넉 사								
口 - 총 5획	四 冂 冂 四 四							

· 四方(사방), 四寸(사촌)

五								
다섯 오								
二 - 총 4획	五 五 五 五							

· 五月(오월), 三三五五(삼삼오오)

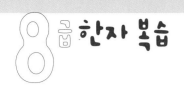
필순에 따라 한자를 써 보세요.

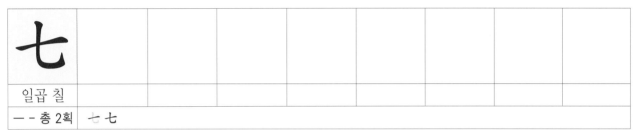

六							
여섯 륙							
八 - 총 4획	六 六 六 六						

· 五六(오륙), 六日(육일), 六月(유월)

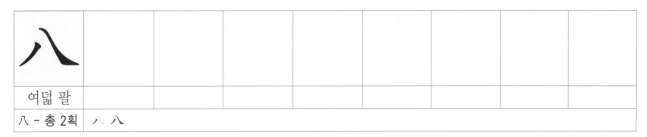

七							
일곱 칠							
一 - 총 2획	七 七						

· 七十(칠십)

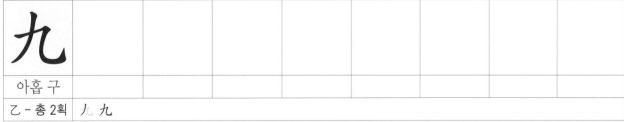

八							
여덟 팔							
八 - 총 2획	八 八						

· 十中八九(십중팔구), 八道(팔도)

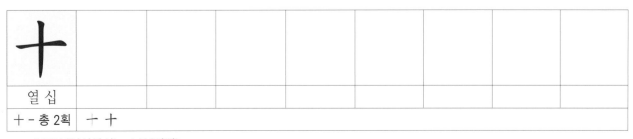

九							
아홉 구							
乙 - 총 2획	九 九						

· 九萬(구만)

十							
열 십							
十 - 총 2획	十 十						

· 二十四時(이십사시), 十月(시월)

월   일 확인:

필순에 따라 한자를 써 보세요.

東								
동녘 동								
木 – 총 8획	東 東 東 東 東 車 東 東							

· 東海(동해), 東大門(동대문)

西								
서녘 서								
西 – 총 6획	西 西 丙 丙 西 西							

· 東西南北(동서남북)

南								
남녘 남								
十 – 총 9획	南 南 南 南 南 南 南 南 南							

상대 · 반의어 : 北 (북녘 북)

北								
북녘북/달아날배								
匕 – 총 5획	北 北 北 北 北							

상대 · 반의어 : 南 (남녘 남)

大								
큰 대								
大 – 총 3획	大 大 大							

상대 · 반의어 : 小 (작을 소)

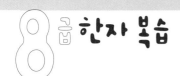
필순에 따라 한자를 써 보세요.

韓						
한국/나라 한						
韋 – 총 17획	韓韓韓韓韓韓韓韓韓韓韓韓韓韓韓韓韓					

· 韓國(한국), 北韓(북한)

民						
백성 민						
氏 – 총 5획	民民民民民					

· 國民(국민), 民生(민생)

國						
나라 국						
口 – 총 11획	國國國國國國國國國國國					

· 國土(국토), 母國(모국)

女						
여자 녀						
女 – 총 3획	女女女					

· 男女(남녀) 女軍(여군)

軍						
군사 군						
車 – 총 9획	軍軍軍軍軍軍軍軍軍					

· 軍人(군인), 海軍(해군)

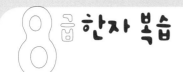
필순에 따라 한자를 써 보세요.

父						
아비 부						
父 – 총 4획	父父父父					

상대 · 반의어 : 母 (어미 모)

母						
어미 모						
母 – 총 5획	母母母母母					

상대 · 반의어 : 父 (아비 부)

兄						
형 형						
ノL – 총 5획	兄兄兄兄兄					

상대 · 반의어 : 弟 (아우 제)

弟						
아우 제						
弓 – 총 7획	弟弟弟弟弟弟弟					

상대 · 반의어 : 兄 (형 형)

外						
바깥 외						
夕 – 총 5획	外外外外外					

상대 · 반의어 : 內 (안 내)

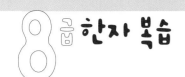

필순에 따라 한자를 써 보세요.

寸							
마디 촌							

寸 - 총 3획	一 寸 寸

· 三寸(삼촌)

萬							
일만 만							

艹 - 총 13획	萬萬萬萬萬萬萬萬萬萬萬萬萬

· 萬年(만년), 萬國(만국)

人							
사람 인							

人 - 총 2획	人 人

· 人道(인도), 人生(인생)

靑							
푸를 청							

靑 - 총 8획	靑靑靑靑靑靑靑靑

· 靑年(청년), 靑山(청산)

年							
해 년							

干 - 총 6획	年 年 年 年 年 年

· 中年(중년), 年金(연금)

월   일 확인: _ _ _ _ _ _ _ _ _ _

필순에 따라 한자를 써 보세요.

學								
배울 학								
子 - 총 16획	學學學學學學學學學學學學學學學學							

상대 · 반의어 : 敎 (가르칠 교)

校								
학교 교								
木 - 총 10획	校校校校校校校校校校							

· 校門(교문)

長								
길 장								
長 - 총 8획	長長長長長長長長							

· 校長(교장), 室長(실장)

敎								
가르칠 교								
攵(攴)-총11획	敎敎敎敎敎敎敎敎敎敎敎							

상대 · 반의어 : 學 (배울 학)

室								
집 실								
宀 - 총 9획	室室室室室室室室室							

· 室內(실내), 敎室(교실)

116

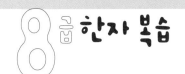

월   일   확인: _ _ _ _ _ _ _ _ _ _ _

필순에 따라 한자를 써 보세요.

中						
가운데 중						
ㅣ- 총 4획 中 ㅁ 中 中						

· 中間 (중간), 中學生(중학생)

門						
문 문						
門 – 총 8획 門 門 門 門 門 門 門 門						

· 大門(대문), 水門(수문)

先						
먼저 선						
ノㄴ- 총 6획 先 先 先 先 先 先						

상대 · 반의어 : 後 (뒤 후)

生						
날 생						
生 - 총 5획 生 生 生 生 生						

· 生日(생일), 生水(생수)

王						
임금 왕						
王(玉)-총4획 王 王 王 王						

· 女王(여왕), 王子(왕자)

117

재미있는 확인 학습(18p~19p)
1.간 2.교시 3.공군 4.기 5.전 6.가 7.기 8.사 9.공 10.농
11.① 12.② 13.③ 14.② 15.④ 16.③ 17.① 18.② 19.③
20.③

단원 예상 문제(20p~23p)
1. 1)인간 2)시간 3)공간 4)공기 5)전기 6)국가 7)일기 8)공사
   9)인공 10)농민
2. 1)사이 간 2)때 시 3)빌 공 4)기운 기 5)번개 전 6)집 가
   7)기록할 기 8)일 사 9)장인 공 10)농사 농
3. 1)③ 2)②
4. 1)① 2)④
5. 1)③ 2)⑤ 3)⑥ 4)⑩ 5)② 6)① 7)⑦ 8)⑨ 9)⑧ 10)④
6. 1)그날 그날 겪은 일이나 감상 등을 적은 기록
   2)농사를 짓는 일을 하는 사람
7. 1)⑨ 2)⑥

재미있는 확인 학습(36p~37p)
1.매일 2.식 3.도 4.상 5.하 6.전 7.식후 8.오 9.방 10.세
11.③ 12.③ 13.② 14.③ 15.③ 16.④ 17.② 18.① 19.①
20.④

단원 예상 문제(38p~41p)
1. 1)매사 2)식사 3)인도 4)수상 5)상하 6)사전 7)전후 8)오전
   9)전방 10)세상
2. 1)매양 매 2)밥/먹을 식 3)길 도 4)윗 상 5)아래 하 6)앞 전
   7)뒤 후 8)낮 오 9)모 방 10)인간/세상 세
3. 1)② 2)④
4. 1)① 2)④
5. 1)⑤ 2)② 3)① 4)⑨ 5)③ 6)④ 7)⑥ 8)⑩ 9)⑦ 10)⑧
6. 1)하나하나 모든 일
   2)사람이 다니는 도로
7. 1)⑤ 2)⑦

재미있는 확인 학습(54p~55p)
1.명 2.성 3.립 4.자 5.동 6.활기 7.력 8.자동차 9.물
10.해군
11.③ 12.② 13.④ 14.① 15.④ 16.③ 17.③
18.(거, 차) 19.① 20.②

단원 예상 문제(56p~59p)
1. 1)명문 2)성명 3)국립 4)자립 5)자동 6)활동 7)역도 8)하차
   9)동물 10)해외
2. 1)이름 명 2)성씨 성 3)설 립 4)스스로 자 5)움직일 동
   6)살 활 7)힘 력 8)수레 거/차 9)물건 물 10)바다 해
3. 1)④ 2)②
4. 1)④ 2)①
5. 1)⑩ 2)② 3)⑨ 4)① 5)③ 6)⑧ 7)⑦ 8)④ 9)⑥ 10)⑤
6. 1)스스로 작동함 또는 그런 기계
   2)성과 이름
7. 1)④ 2)⑤

재미있는 확인 학습(72p~73p)
1.내 2.시 3.공장 4.전교생 5.안 6.불, 불 7.평 8.정문 9.답
10.직
11.③ 12.② 13.④ 14.① 15.② 16.(불평, 부정) 17.③
18.④ 19.② 20.③

단원 예상 문제(74p~77p)
1. 1)실내 2)시민 3)시장 4)전교 5)안전 6)불안 7)평일 8)부정
   9)정답 10)정직
2. 1)안 내 2)저자 시 3)마당 장 4)온전할 전 5)편안 안
   6)아닐 불/부 7)평평할 평 8)바를 정 9)대답 답 10)곧을 직
3. 1)① 2)③
4. 1)② 2)①
5. 1)④ 2)⑦ 3)⑨ 4)① 5)⑩ 6)② 7)⑧ 8)③ 9)⑤ 10)⑥
6. 1)상품을 사고파는 거래가 이루어지는 장소.
   2)마음이 바르고 곧음.
7. 1)⑥ 2)②

재미있는 확인 학습(90p~91p)
1.수 2.전화 3.족 4.강 5.한 6.남 7.자녀 8.효자 9.우
10.좌우
11.① 12.③ 13.② 14.④ 15.① 16.③ 17.② 18.④ 19.①
20.②

단원 예상 문제(92p~95p)
1. 1)수공 2)수화 3)부족 4)강산 5)한강 6)장남 7)남자 8)효도
   9)우중간10)좌우
2. 1)손 수 2)말씀 화 3)발 족 4)강 강 5)한수/한나라 한

6)사내 남 7)아들 자 8)효도 효 9)오른쪽 우 10)왼 좌

3. 1)① 2)④

4. 1)③ 2)①

5. 1)⑥ 2)③ 3)⑨ 4)⑩ 5)② 6)⑧ 7)④ 8)⑦ 9)⑤ 10)①

6. 1)손과 손가락을 움직여 의미를 전달하는 언어

    2)어버이를 잘 섬기는 도리

7. 1)⑧ 2)⑤

실전대비 총정리(97p~100p)

1.공중 2.가전 3.전기 4.일기 5.후방 6.수도 7.상하

8.전후 9.자생 10.활력 11.성명 12.활동 13.평일 14.전력

15.입장 16.안전 17.수족 18.좌우 19.부족 20.효자

21.공간 22.세상 23.장인 공 24.기록할 기 25.기운 기

26.뒤 후 27.모 방 28.이름 명 29.길 도 30.윗 상

31.밥/먹을 식 32.움직일 동 33.살 활 34.힘 력

35.수레 거/차 36.물건 물 37.바다 해 38.안 내 39.마당 장

40.대답 답 41.오른쪽 우 42.왼 좌 43.⑨ 44.⑤ 45.① 46.②

47.③ 48.⑩ 49.④ 50.⑥ 51.⑧ 52.⑦

53.모든 힘 54.특별하지 않은 보통 때 55.① 56.④ 57.⑤

58.① 59.⑨ 60.⑧

상대어 반의어 학습(103p)

1.山,海 2.東,西 3.③ 4.② 5.①

모의한자능력 검정시험 (제1회)

1
1)수기
2)인기
3)중간
4)하수도
5)사방
6)후세
7)인물
8)서해
9)간식
10)교내
11)정오
12)평안
13)남학생
14)제자
15)효도
16)농사
17)식사
18)동물
19)시일
20)학교
21)오일
22)화산

2
23)집 가
24)사이 간
25)일 사
26)길 도
27)윗 상
28)아래 하
29)성씨 성
30)밥/먹을 식
31)설 립
32)안 내
33)저자 시
34)마당 장
35)손 수
36)말씀 화
37)발 족
38)가르칠 교
39)학교 교
40)아비 부
41)어미 모
42)문 문

3
43)⑧
44)⑦
45)②
46)⑩
47)⑨
48)①
49)④
50)⑤
51)③
52)⑥

4
53)④
54)①

5
55)③
56)②

6
57)주로 바다에서 임무를 수행하는 군대
58)끼니 사이에 음식을 먹음. 또는 그 음식

7
59)①
60)⑤

모의한자능력 검정시험 (제2회)

1
1)부동
2)생활
3)인력
4)일전
5)오후
6)명산
7)목공
8)기사
9)농가
10)평생
11)자정
12)직후
13)수중
14)전화
15)공중
16)인도
17)해외
18)실내
19)역도
20)청년
21)동서
22)만일

2
23)장인 공
24)빌 공
25)매양 매
26)스스로 자
27)움직일 동
28)온전할 전
29)편안 안
30)아닐 불/부
31)강 강
32)한수/한나라 한
33)손 수
34)아들 자
35)때 시
36)농사 농
37)길 도
38)나라 국
39)군사 군
40)동녘 동
41)뫼 산
42)날 생

3
43)②
44)④
45)⑦
46)⑧
47)①
48)⑥
49)③
50)⑤
51)⑩
52)⑨

4
53)②
54)③

5
55)④
56)①

6
57)손 안
58)사람의 힘

7
59)③
60)④

모의한자능력 검정시험 (제3회)

1
1)시내
2)공장
3)중립
4)인력거
5)해물
6)매년
7)상공
8)상기
9)시간
10)전력
11)가장
12)농장
13)정답
14)효자
15)불평
16)목수
17)연간
18)선생
19)소인
20)교실
21)여왕
22)외국

2
23)효도 효
24)오른쪽 우
25)왼 좌
26)기록할 기
27)일 사
28)번개 전
29)인간/세상 세
30)살 활
31)힘 력
32)수레 거/차
33)바를 정
34)대답 답
35)곧을 직
36)앞 전
37)뒤 후
38)푸를 청
39)형 형
40)아우 제
41)길/어른 장
42)집 실

3
43)⑤
44)⑦
45)⑧
46)①
47)④
48)⑨
49)②
50)⑩
51)⑥
52)③

4
53)④
54)②

5
55)①
56)④

6
57)도시의 안, 시의 구획 안.
58)가정을 이끌어가는 사람

7
59)⑥
60)⑤

■ 사단법인 한국어문회   7 2 1

수험번호	□□□-□□-□□□□	성명 □□□□□
생년월일	□□□□□□ ※ 주민등록번호 앞 6자리 숫자를 기입하십시오.	※ 성명은 한글로 작성
		※ 필기구는 검정색 볼펜만 가능

※답안지는 컴퓨터로 처리되므로 구기거나 더럽히지 마시고, 정답 칸 안에만 쓰십시오.
  글씨가 채점란으로 들어오면 오답처리가 됩니다.

제 1회 전국한자능력검정시험 7급Ⅱ 답안지(1) (시험시간:50분)

답안란		채점란		답안란		채점란		답안란		채점란	
번호	정답	1검	2검	번호	정답	1검	2검	번호	정답	1검	2검
1				10				19			
2				11				20			
3				12				21			
4				13				22			
5				14				23			
6				15				24			
7				16				25			
8				17				26			
9				18				27			

감독위원	채점위원(1)		채점위원(2)		채점위원(3)	
(서명)	(득점)	(서명)	(득점)	(서명)	(득점)	(서명)

＊뒷면으로 이어짐

※ 답안지는 컴퓨터로 처리되므로 구기거나 더럽히지 마시고, 정답 칸 안에만 쓰십시오. 글씨가 채점란으로 들어오면 오답처리가 됩니다.

제 1회 전국한자능력검정시험 7급Ⅱ 답안지(2) (시험시간:50분)

답안란		채점란		답안란		채점란		답안란		채점란	
번호	정답	1검	2검	번호	정답	1검	2검	번호	정답	1검	2검
28				39				50			
29				40				51			
30				41				52			
31				42				53			
32				43				54			
33				44				55			
34				45				56			
35				46				57			
36				47				58			
37				48				59			
38				49				60			

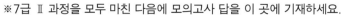

※7급 Ⅱ 과정을 모두 마친 다음에 모의고사 답을 이 곳에 기재하세요.

■ 사단법인 한국어문회   721 ■

| 수험번호 | □□□-□□-□□□□ | | 성 명 | □□□□□ |

생년월일 □□□□□□   ※ 주민등록번호 앞 6자리 숫자를 기입하십시오.

※ 성명은 한글로 작성
※ 필기구는 검정색 볼펜만 가능

※답안지는 컴퓨터로 처리되므로 구기거나 더럽히지 마시고, 정답 칸 안에만 쓰십시오.
글씨가 채점란으로 들어오면 오답처리가 됩니다.

제 2회 전국한자능력검정시험 7급 Ⅱ 답안지(1) (시험시간:50분)

번호	정답	1검	2검	번호	정답	1검	2검	번호	정답	1검	2검
1				10				19			
2				11				20			
3				12				21			
4				13				22			
5				14				23			
6				15				24			
7				16				25			
8				17				26			
9				18				27			

감독위원	채점위원(1)		채점위원(2)		채점위원(3)	
(서명)	(득점)	(서명)	(득점)	(서명)	(득점)	(서명)

＊뒷면으로 이어짐

※ 답안지는 컴퓨터로 처리되므로 구기거나 더럽히지 마시고, 정답 칸 안에만 쓰십시오. 글씨가 채점란으로 들어오면 오답처리가 됩니다.

제 2회 전국한자능력검정시험 7급Ⅱ 답안지(2) (시험시간:50분)

번호	정답	1검	2검	번호	정답	1검	2검	번호	정답	1검	2검
28				39				50			
29				40				51			
30				41				52			
31				42				53			
32				43				54			
33				44				55			
34				45				56			
35				46				57			
36				47				58			
37				48				59			
38				49				60			

■ 사단법인 한국어문회　　　　　　　　　　　　　　　　　　　7 2 1 ■

| 수험번호 | □□□-□□-□□□□ | | | 성명 | □□□□□ |

생년월일 □□□□□□　※ 주민등록번호 앞 6자리 숫자를 기입하십시오.　　　※ 성명은 한글로 작성
　　　　　　　　　　　　　　　　　　　　　　　　　　　　　　　　　　　　※ 필기구는 검정색 볼펜만 가능

※답안지는 컴퓨터로 처리되므로 구기거나 더럽히지 마시고, 정답 칸 안에만 쓰십시오.
　글씨가 채점란으로 들어오면 오답처리가 됩니다.

제 3회 전국한자능력검정시험 7급Ⅱ 답안지(2) (시험시간:50분)

번호	정답	1검	2검	번호	정답	1검	2검	번호	정답	1검	2검
1				10				19			
2				11				20			
3				12				21			
4				13				22			
5				14				23			
6				15				24			
7				16				25			
8				17				26			
9				18				27			

감독위원	채점위원(1)		채점위원(2)		채점위원(3)	
(서명)	(득점)	(서명)	(득점)	(서명)	(득점)	(서명)

＊뒷면으로 이어짐

※ 답안지는 컴퓨터로 처리되므로 구기거나 더럽히지 마시고, 정답 칸 안에만 쓰십시오. 글씨가 채점란으로 들어오면 오답처리가 됩니다.

제 3회 전국한자능력검정시험 7급Ⅱ 답안지(2) (시험시간:50분)

번호	정답	1검	2검	번호	정답	1검	2검	번호	정답	1검	2검
28				39				50			
29				40				51			
30				41				52			
31				42				53			
32				43				54			
33				44				55			
34				45				56			
35				46				57			
36				47				58			
37				48				59			
38				49				60			